蘇長公小品

[宋]蘇軾 撰　[明]王納諫 輯

拾瑶叢書

文物出版社

圖書在版編目（CIP）數據

蘇長公小品 / (宋) 蘇軾撰 ; (明) 王納諫輯. -- 北京 : 文物出版社, 2020.1
（拾瑶叢書 / 鄧占平主編）
ISBN 978-7-5010-6361-1

Ⅰ. ①蘇… Ⅱ. ①蘇… ②王… Ⅲ. ①小品文－作品集－中國－宋代 Ⅳ. ①I264.4

中國版本圖書館CIP數據核字(2019)第239233號

蘇長公小品 〔宋〕蘇軾 撰 〔明〕王納諫 輯

主　　編：鄧占平
策　　劃：尚論聰　楊麗麗
責任編輯：李縉雲　李子裔
責任印製：張道奇

出版發行：文物出版社有限公司
社　　址：北京市東直門内北小街2號樓
郵　　編：100007
網　　址：http://www.wenwu.com
郵　　箱：web@wenwu.com
經　　銷：新華書店
印　　刷：藝堂印刷（天津）有限公司
開　　本：710mm × 1000mm　1/16
印　　張：26
版　　次：2020年1月第1版
印　　次：2020年1月第1次印刷
書　　號：ISBN 978-7-5010-6361-1
定　　價：150.00圓

前言

『唐宋八大家』之一的蘇軾，是北宋中期文壇領袖，在詩、詞、散文、書、畫等方面皆取得很高成就。他的散文著述宏富，豪放自如，與歐陽修并稱『歐蘇』。蘇軾（一〇三七—一一〇一），字子瞻、和仲，號鐵冠道人、東坡居士，眉州眉山（今四川眉山）人。《蘇長公小品》是王納諫以蘇軾的小品爲編選對象，并將之作爲選本的書名。

小品原是佛經之節本，後來應用於文學，在明末盛行一時，是一種具有抒情和諷刺意味的短小散文。其體制較爲短小精煉，序、記、論、跋、碑、傳、銘、贊、尺牘等文體皆適用。晚明文人推崇蘇軾小品，袁中道《答蔡觀察元履》云：『今東坡之可愛者，多其小文小説，其高文大册，人固不深愛也。使盡去之，而獨存其高文大策，豈復有坡公哉。』王聖俞首編此小品選本，滿足了時人之需。凌啓康在《刻蘇長公小品序》中写道：『世讀蘇長公文綦衆矣，選不一集，集不一種，然未有選小品者，選之自聖俞王先生始。』王納諫，字聖俞，號觀濤，江都人（今江蘇揚州江都縣），晚明學者。明萬曆三十五年（一六〇七）進士，授行人司行人，官至吏部稽勛司員外郎。他盛贊蘇軾文章：『文至東坡真是不須作文，衹是隨事記録便是文。』此書自序提及編選緣起：『余讀古文辭，諸舂容大篇者，輒覽弗竟，去之。噫嘻！此小品之所以輯也。始余欲遍閲子史而掇其小言，而力未之逮也。以長公多韵且善謔，時復參微言，故輯先成。』

王聖俞評選《蘇長公小品》有明萬曆三十九年（一六一一）章萬椿心遠軒刻二卷本、萬曆四十一年（一六一三）盱江游義齋二卷本。前者有中國國家圖書館、北京大學圖書館等多家公藏單位收藏，後者見藏於浙江圖書館。其後吴興凌啓康重編此書爲四卷，以朱墨二色套印，除王聖俞原有評語外，又增入唐順之、茅坤、李贄、袁宏道、陳繼儒等十餘家評語。卷前另有《蘇長公小品凡例》，書末附評名家姓氏。凌啓康，字安國、天放，號旦庵主人，浙江吴興人，明代『凌刻本』代表人物之一。卷前《刻蘇長公小品序》云：『是乃聖俞之所以評，而古生章氏鐫之。予讀而好，好而再鐫，鐫而裒所評而加之丹鉛也。』

是書卷一收賦二首、序二首、記七首、傳一首、啓二首、策問五首；卷二收尺牘三十首、頌三首、偈五首、贊七首；卷三收銘十一首、評史九首、雜著八首、題跋七首；卷四收題跋四十七首、詞一首、雜記三十首。以上諸體尤以題跋、雜記、尺牘居多。陳繼儒《蘇黄題跋小序》有言：『蘇、黄之妙，最妙於題跋，其次尺牘，其次詞。』

小品之重，正如書中施扆賓序所云：『是小品之足當大觀，猶一臠之足當九鼎也。』蘇文多姿多彩，小品韵味雋永，實可寶之，一如凌啓康在《刻蘇長公小品序》中道：『夫宋室文章風流藻采，至蘇長公而極矣。語語入玄，字字飛仙。其大者恣韵瀉墨，有雪浪噴天、層巒迤地之勢，人即取之；其小者命機巧中，有盆山蘊秀、寸草函奇之致，人或忽之。自兹拈出，遂使片楮隻言共爲珍寶。』

蘇長公小品

人未噉九鼎而啖一臠。則美。謂一臠之不足盡九鼎。而不知九鼎之盡於一臠也。昔李端叔謂蘇長公文長江秋霽。千里一道。

縱耳目之壯觀。極天地之變幻。洵足槩長公矣。遂令讀長公文者。如入五都市。如登上方廚。山肴海錯。靡所不有。奇羞異饌。靡所不具。然而度山越海。不無卷石寸沼。弋奇釣異。不無野芹澤芷。則聖俞所選長公之小品是也。試取而披玩之。春風綠蔭。可以倦遊。夜雨青燈。可以却寢。孔樽徐揭。則片語可驚四座。漂唐流漢。則單詞可足千秋。而且譚言佞佛。則龍象伏於寸冊。丈六現於一莖。是小品之足當大觀。猶一臠之足當九鼎也。聖俞王先生宦牘之餘。特簡是集。以娛一餉。而豈一餉之娛已哉。余友安國淩次公。讀而嗜之。嗜而丹鉛之。以廣同嗜者。則安國之嗣聖俞。而次公之載長公也。是為敘。

友弟施康甯題

刻蘇長公小品序

世讀蘇長公文甚衆矣。選不一集。〻不一種。然未有選小品者。選之自聖俞王先生始。客有問之者曰。是集也。無乃

洪其大而撼其小乎。抑鄙其
小而已見其大也。余應之
曰。唯唯否否。夫宋室文章。風
流藻采。至蘇長公而極矣。
語語入玄。字字飛僊。其大者

恣韻瀉墨。有雷浪噴天。層巒迴地之勢。人爭取之。其小者命機巧中。有名山蘊秀。寸艸臨奇之致。人或忽之。自茲拈出。遂使片楮隻字。共為珍寶。聖俞固長公千載之知己哉。而其序跋。
亦自敍曰。余所志者一編之乘。
而非千秋之業。由斯以譚。謂以
畫長公小品則可。而以畫長公
則不可。蓋流不擇細。正以彙其

全。響不啻促。正以集其成。使有
所標舉其間。而色括爲無漏。昌
不曰蘇長公選。而曰蘇長公小品。
噫。是乃聖俞之所以評而古之
韋氏雋之。予讀而好。好而再雋。

鐫向襄所許而加之丹鉛也。

吳興凌啟康漫題

蘇長公小品序

人于萬物大者取大小者取小詩文亦然今之文人皆譚駐世千秋之業而非余所存問余于文何得對曰寐得之醒焉倦得之舒焉慍得之喜焉暇得之銷日焉是其所得于文者皆一餉之驩也而非千秋之志也古語有之楮小者不可以懷大綆短者不可以汲深余讀古文辭諸春容大篇者輒覽弗竟去之噫嘻此小品之所以輯也始余欲編

閲子史而掇其小言而力未之逮也以長公多韻且善謔時復參微言故輯先成友人章古生見而爲之梓之余猶病多軼焉且夫人舍其大而論其細無乃萬斛泉拾其濺珠者乎而吉生氏又欲綴吾珠珥之佩之也耶

廣陵王納諫撰

蘇長公小品題辭

世人撿書多以恣韻激鯨濤雪飛叠爲奇若短韻寥寥數行悽哀柳也縱語繞萬象精驅五兵弗酣暢焉則蘇文小品之選何謂葢人唯才短所以喜長聖俞才長故善取短天下精奇神怪政不以多驚人珠彈五色龍沫萬璣謂小品盡似司馬相如游獵賦可如必爭取其長則長公紀集俱在不妨各從所好此又聖俞先生未盡之意因語及之

古生章萬椿題

蘇長公小品凡例

一是集出自聖俞原評係乎手訂故或冠其總于簡額或錄其詞于篇終纖悉必臚姓名罔志非爲故混實以明專

一批點雖取獨裁品評世多具眼諸家選附名目謹標竊懸檢閱之豹班坐之簡編之牛汗

一偶因披閱間及旁搜特綴附考以核故聞未能拔什之三聊以存百之一

一剞劂朱評劍茲茗水詩文廣鐫遺此眉山三蘇首美乎長公全帙易竟於小品敢先董刻嗣續遺文

一書評異色采溢陛離字法同行體淆區別精求善本特倩名書一則正楷篇牘一則行草間端是爲宋字宋文恍覩汴京法物今評今寫用存昭代典章

一以望易見減彭澤之高風將沒作波失少陵

之故步則誤字文人所耐而攷書坡老所嫌
惜宋帝之購遺非汚都之拾稿考謬互參羣
籍訂訛尚俟同心

旦庵主人謹識

蘇子瞻像贊

黄庭堅

子瞻堂堂，出于娥眉。司馬班楊，金馬石渠。閲士如牆，上前論事，釋之馮唐。言路以爲階，而投諸雲夢之黄。東坡之酒，赤壁之遊，嬉笑怒罵，皆成文章。解羈而歸，紫微玉堂。子瞻之德，未變于初，而名之曰元祐之黨，放之珠厓儋耳。方其金馬石渠也，不自知其東坡赤壁也；及其東坡赤壁也，不自意其紫微玉堂也；及其紫微玉堂也，不自知其珠厓儋耳也。九州四海。知有東坡。東坡歸矣。民笑且歌。一丘一壑。則無如此道人何。

劉越石評悅昭仙子贖

蘇長公小品卷一

傳

火爐[illegible]開五首

答問

病中[illegible]詠

贈[illegible]之[illegible]詩二首

答[illegible]

大山[illegible]詠

夭美老饕設語甚新雖標艷賞意不屑屑蔡菜之評

東坡老饕賦蓋文章之游戲耳

附考

左傳縉雲氏有不才子貪於飲食冒於

蘇長公小品卷一

古揚王聖俞評選

老饕賦

庖丁鼓刀。易牙烹熬。水欲新而釜欲潔。（入底裏語）火惡陳而薪惡勞。九蒸暴而日燥。百上下而湯鏖。嘗項上之一臠。嚼霜前之兩螯。爛櫻珠之煎蜜。滃杏酪之蒸羔。蛤半熟而含酒。蟹微生而帶糟。蓋聚物之夭美以養吾之老饕。婉彼姬姜。顏如李桃。彈湘妃之玉

貪財謂之饕餮說文曰貪財為饕貪食為餮然則坡公當賦餮字為是

檀槽後手琵琶曲云天香留鳳毛餘暖在檀槽

瑟。鼓帝子之雲璈。命仙人之蕚綠華。舞古曲之鬱輪袍。引南海之玻黎。酌涼州之蒲萄。願先生之耆壽。分餘瀝於兩髦。候紅潮於玉頰。驚暖響於檀槽。忽纍珠之妙唱。抽獨繭之長繅。閱手倦而少休。疑吻燥而當膏。倒一缸之雪乳。列百柂之瓊艘。各眼灩於秋水。咸骨醉於春醪。美人告去。已而雲散。先生方兀然而禪逃。響松風於蟹眼。浮雪花於兎毫。先生一笑而起。渺海濶而天高。

莊生之文以小物逗玄理如解牛承蜩之類是作可與驂駕

李卓吾評譎甚怪甚好摹寫更譎更怪

黠鼠賦

蘇子夜坐。有鼠方齧。拊床而止之。既止復作。使童子燭之。有橐中空。嘐嘐聱聱。聲在橐中。曰。嘻。此鼠之見閉而不得去者也。發而視之。寂無所有。舉燭而索。中有死鼠。童子驚曰。是方齧也。而遽死耶。向爲何聲。豈其鬼耶。覆而出之。墮地乃走。雖有斂者。莫措其手。蘇子歎曰。異哉是鼠之黠也。閉於橐中。橐堅而不可穴也。故不齧而齧。以聲致人。不死而

附考
孫武九地篇始如處女敵人開戶後如脫兔敵不及拒
東坡十來歲作夏侯太初論用碎璧四語爲老蘇極愛故曰言出於汝而忘之耶

死以形求脫也。吾聞有生莫智於人。擾龍伐蛟。登龜狩麟。役萬物而君之。卒見使於一鼠。墮此蟲之計中。驚脫兔於處女。惡在其爲智也。坐而假寐。私念其故。若有告余者曰。汝惟多學而識之。望道而未見也。不一於汝而二於物。故一鼠之齧而爲之變也。人能碎千金之璧。而不能無失聲於破釜。能搏猛虎。不能無變色於蜂蠆。此不一之患也。言出於汝而忘之耶。子俛而笑。仰而覺。使童子執筆記

甚偉

余之作。

陶石簣許陸平原曰賦體物而瀏亮如此賦則

誠物矣碎千金之璧數語勘破千古人

借曹子桓語代己叙意不後自借一語遂覺趣足此法惟東坡得之

足觀其能處

、獵會詩序

雷勝。隴西人。以勇敢應募得官。爲京東第二將。武力絕人。騎射敏妙。按閱於徐。徐人欲觀其能。爲小獵城西。又有殿直鄭亮。借職繆進者。皆騎而從。弓矢刀槊。無不精習。而駐泊黃宗閔。舉止如諸生。戎裝輕騎。出馳絕衆。客皆驚笑。樂甚。是日小雨甫晴。土潤風和。觀者數千人。曹子桓云。建安十年。始定冀州。濊貊貢良弓。燕代獻名馬。時歲之春。勾芒司節。和風扇物。弓燥手柔。草茂獸肥。與兄子丹獵於鄴西。手獲獐鹿九。狐兔三十。馳騁之樂。邊人武吏。日以爲常。如曹氏父子。横槊賦詩。以傳於世。迺可喜耳。衆客既各自寫其詩。因書其末。以爲異日一笑。

陶石簣評

一六誠明定慧諸解都不落人間來至得道淺深之候一語真聖諦也長公造語近諧却有至理

附考

世尊告阿難云攝心為戒戒生定定生慧是則名為三無漏學

伶玄妾樊通

送錢塘僧思聰歸孤山敘

天以一生水地以六成之一六合而水可見雖有神禹不能知其孰爲一孰爲六也子思子曰自誠明謂之性自明誠謂之教誠則明矣明則誠矣誠明合而道可見雖有黄帝孔丘不能知其孰爲誠孰爲明也佛者曰戒生定定生慧慧獨不生定乎伶玄有言慧則通通則流是惡知真慧哉醉而狂醒而止慧之生定通之不流也審矣故夫有目而

德能言趙飛蓋事曰夫溪於色非慧易子不至也慧則通通則流流而不滑其防則變態百出為溝為谿無所不往

觀音告世尊我從聞思脩入三摩地又云知見旋復觀旋復

自行則蹇裳疾走常得大通無目而隨人則車輪曳踵常仆坑穽慧之生定速於定之生慧也錢塘僧思聰七歲善彈琴十二捨琴而學書書既工十五捨書而學詩詩有奇語雲煙蔥朧珠璣的皪識者以爲畫師之流聰又不已遂讀華嚴諸經入法界海慧今年二十有九老師宿儒皆敬愛之秦少游取楞嚴文殊語字之曰聞復使聰日進不止自聞思脩以至於道則華嚴法界海慧盡爲蘧廬而

更深

況詩書與琴乎。雖然。古之學道。無自空虛入者。輪扁斲輪。傴僂承蜩。苟可以發其巧智。物無陋者。聽若得道。琴與書皆與有力。詩其尤也。聽能如水鏡。以一含萬。則書與詩當益奇。吾將觀焉。以爲聽得道淺深之候。

坡公倅杭州時曾令聰和參寥春字詩後聰挾琴游梁日登中貴門久之遂逐俗為御前使臣則聰之得道淺耶深耶

蠡案立意甚奇

陶石簣評以不思記思堂自然奇絶

錢文登評前面言不思處凡六段中引隱者言奇絶結尾數語卒歸思堂本旨更見變幻

思堂記

建安章質夫。築室於公堂之西。名之曰思。曰。吾將朝夕於是。凡吾之所爲。必思而後行。子爲我記之。嗟夫。余天下之無思慮者也。遇事則發。不暇思也。未發而思之。則未至。已發而思之。則無及。以此終身。不知所思。言發於心而衝於口。吐之則逆人。茹之則逆余。以爲寧逆人也。故卒吐之。君子之於善也。如好好色。其於不善也。如惡惡臭。豈復臨事而

陶石簣評
思甚於欲獨造之論頗不知思便是欲

錢文登評
真是吸霞餐

後思。計議其美惡而避就之哉。是故臨義而思利。則義必不果。臨戰而思生。則戰必不力。若夫窮達得喪。死生禍福。則吾有命矣。少時遇隱者曰。孺子近道。少思寡欲。曰。思與欲。若是均乎。曰。甚於欲。庭有二盎以畜水。隱者指之曰。是有蟻漏。是日取一升而棄之。孰先竭。曰。必蟻漏者。思慮之賊人也。微而無間。隱者之言。有會於余心。余行之。且夫不思之樂。不可名也。虛而明。一而通。安而不懈。不處而

露不食烟火者

善敘漢無思者無邪詩易相為表裏

靜不飲酒而醉不閉目而睡將以是記思堂不亦

陡轉入題

謬乎雖然言各有當也萬物並育而不相害道並行而不相悖以質夫之賢其所謂思者豈世俗之營營於思慮者乎易曰無思也無爲也我願學焉詩曰思無邪質夫以之元豐元年正月二十四日記

姜鳳阿評記思堂而專說無思之妙辭若相謬而意實相通所謂無中生有以死作活射雕手也

叙致璀璨而玄理自呈此所謂象教者也

勝相院經藏記

元豐三年。歲庚申。有大比丘惟簡。號曰寶月。修行如幻。三摩鉢提。在蜀城都。大聖慈寺。故中和院。賜名勝相。以無量寶。黄金丹砂。琉璃珍珠。旃檀衆香。莊嚴佛語及菩薩語。作大寶藏。湧起於海。有大天龍。背負而出。及諸小龍。糾結環繞。諸化菩薩。及護法神。鎮守其門。天魔鬼神。各執其物。以禦不祥。是諸衆寶。及諸佛子光色聲香。自相磨激。璀璨芳郁。

長公之文每所說不逮時必另一種譬喻玲瓏宛轉磅礴天理此乃學養功深為最不可及處

玲瓏宛轉生出諸相變化無窮不假言語自然顯見苦空無我無量妙義凡見聞者隨其根性各有所得如衆饑人入於大倉雖未得食已有飽意又如病人遊於藥市聞衆藥香病自衰減更能取米作無礙飰恣食取飽自然不饑又能取藥以療衆病衆病有盡而藥無窮須臾之間無病可療以是因緣度無量衆時見聞者皆爭捨施富者出財壯者出力巧者出技皆舍所愛及諸結習而作佛事

附考
王荆公居鍾山一日於客處得此記展誦于風簷之下喜見鬚眉曰子瞻人中龍也然有一字未妥客請聞之公曰日

求脫煩惱濁惡苦海有一居士其先蜀人與是比丘有大因緣去國流浪在江淮間聞是比丘作是佛事即欲隨衆舍所愛習周視其身及其室廬求可舍者了無一物如焦穀芽如石女兒乃至無有毫髮可捨私自念言我今惟有無始以來結習口業妄言綺語論說古今是非成敗以是業故所出言語猶如鐘磬黼黻文章悅可耳目如人善博日勝日負自云是巧不知是業今捨此業作寶藏偈

精

勝日負不若日勝日負坡出問之拊掌大笑以爲知已

願我今世。作是偈已。盡未來世。永斷諸業。客塵妄想。及諸理障。一切世間。無取無舍。無憎無愛。無可無不可。時此居士。稽首西望。而說偈言。我遊多寶山。見山不見寶。巖谷及草木。虎豹諸龍蛇。雖知寶所在。欲取不可得。復有求寶者。自言已得寶。見寶不見山。亦未得寶故。譬如夢中人。未嘗知是夢。既知是夢已。所夢卽變滅。見我不見夢。因以我爲覺。不知眞覺者。覺夢兩無有。我觀大寶藏。如以蠶說甜。衆生未諭故。復以甜說蜜。甜蜜更相說。千劫無窮盡。自蜜及甘蔗。查梨與橘柚。說甜而得酸。以及鹹辛苦。忽然反自味。舌根有甜相。我爾默自知。不煩更相說。我今說此偈。於道亦云遠。如眼根自見。是眼非我有。當有無耳人。聽此非舌言。於一彈指頃。洗我千劫罪。

佛教維摩至於思議不參而反借莊嚴色相以顯其趣此篇數段法中理全似

入手數語浮畫家之泥者是後跡跡蕩蕩真似不作文字號而讀之曰文字耳

附攷

凡獸有麗唯兎足底皆毛性狡而善走鶻拳堅處大如彈俯擊鳩鴿中其拳隨空側身自下

文與可畫篔簹谷偃竹記

竹之始生一寸之萌耳而節葉具焉自蜩蝮蛇蚹以至於劍拔十尋者生而有之也今畫者乃節節而為之葉葉而累之豈復有竹乎故畫竹必先得成竹於胸中執筆熟視乃見其所欲畫者急起從之振筆直遂以追其所見如兎起鶻落少縱則逝矣與可（名同潼川人）之教予如此予不能然也而心識其所以然夫既心識其所以然而不能然者內外不一心

承之捷于鷹隼故曰兎起鶻落

手不相應不學之過也故凡有見於中而操之不熟者平居自視了然而臨事忽焉喪之豈獨竹乎子由爲墨竹賦以遺與可曰庖丁解牛者也而養生者取之輪扁斲輪者也而讀書者與之今夫夫子之託於斯竹也而予以爲有道者則非耶子由未嘗畫也故得其意而已若余者豈獨得其意并得其法與可畫竹初不自貴重四方之人持縑素而請者足相躡於其門與可厭之投諸地而罵曰

李卓吾評
趣

附考
鵞溪在今潼川産絹公嘗有詩云爲愛鵝溪白繭光

吾將以爲韈士大夫傳之以爲口實及與可自洋州還而余爲徐州與可以書遺余曰近語士大夫吾墨竹一派近在彭城可往求之韈材當萃於子矣書尾復寫一詩其畧曰擬將一段鵞谿絹掃取寒梢萬尺長予謂與可竹長萬尺當用絹二百五十疋知公倦於筆硯願得此絹而已與可無以答則曰吾言妄矣世豈有萬尺竹哉余因而實之答其詩曰世間亦有千尋竹月落庭空影許長與可

篔簹竹生水邊長數丈圍一尺五六寸一節相去六七尺曹毗賦曰其竹則篔簹白烏

有此失笑長公那得不哭失聲

笑曰。蘇子辯則辯矣。然二百五十疋。吾將買田而歸老焉。因以所畫篔簹谷偃竹遺予曰。此竹數尺耳。而有萬尺之勢。篔簹谷在洋州。與可嘗令予作洋州三十詠。篔簹谷其一也。予詩云漢川脩竹賤如蓬。斤斧何曾赦籜龍。料得清貧饞太守。渭濱千畝在胸中。與可是日。與其妻游谷中。燒筍晚食。發函得詩。失笑。噴飯滿案。元豐二年。正月二十日。與可沒於陳州。是歲七月七日。予在湖州。曝書畫。見

拾得與記

此竹廢卷而哭失聲昔曹孟德祭橋公文有車過腹痛之語而余亦載與可疇昔戲笑之言者以見與可於予親厚無間如此也

李卓吾評畫家不可不知

蔡玄正：如參獄，參得透時，機觸如意。樓迂齋許看拈起甚麽一種話頭，便被他對副了。觀此文，如生龍活虎，不惟義理通徹，亦是佛書精熟。所謂信手拈來，物物真者。

大悲閣記

大悲者。觀世音之變也。觀世音由聞而覺。始於聞而能無所聞。始於無所聞而能無所不聞。能無所聞。雖無身可也。能無所不聞。雖千萬億身可也。而況於手與目乎。雖然。非無身無以舉千萬億身之衆。非千萬億身無以示無身之至。故散而爲千萬億身。聚而爲八萬四千母陀羅臂。八萬四千清淨寶目。其道一爾。昔吾嘗觀於此。吾頭髮不可勝數。

（脫衣陳說自標形神）

（自佛引入人事）

呂雅山評：自立議論，意不帖帖，情事躍如。

錢東湖評：此段皆吾儒太以順應道理，非徒爲佛作記者。

而身毛孔亦不可勝數。牽一髮而頭爲之動，拔一毛而身爲之變。然則髮皆吾頭，而毛孔皆吾身也。彼皆吾頭而不能爲頭之用，彼皆吾身而不能具身之智，則物有以亂之矣。吾將使世人左手運斤，而右手執削，目數飛鴈，而耳節鳴鼓，首肯傍人，而足識梯級，雖有智者有所不暇矣，而況千手異執，而千目各視乎？及吾燕坐寂然，心念凝默，湛然如大明鏡，人鬼鳥獸雜陳乎吾前，色聲香味交遘乎

樓迂齋評
自起頭至此
宛轉發明交
態百出更不
曾有剩語

吾體心雖不起而物無不接接必有道即千手之出千目之運雖未可得見而理則具矣彼佛菩薩亦然雖一身不成二佛而一佛能遍河沙諸國非有它也觸而不亂至而能應理有必至而何獨疑於大悲乎成都西南大都會也佛事最勝而大悲之像未覩其傑有法師敏行者能讀內外教博通其義欲傚如幻三昧爲一方首乃以大旃檀作菩薩像端嚴妙麗具慈愍性手臂錯出開合捧執指

自人上後歸於佛

彈摩拊千態具備手各有目無妄舉者復作大閣以覆菩薩雄偉壯峙工與像稱都人作禮因敬生悟余遊於四方二十餘年矣雖未得歸而想見其處敏行使其徒法震乞文爲道其所以然者且頌之曰

吾觀世間人兩目兩手臂物至不能應狂惑失所措其有欲應者顛倒作思慮思慮非真實無異無手目菩薩千手目與一手目同物至心亦至曾不

錢文登評
言言是佛

作思慮隨其所當應無不得其當引弓挾白羽劍盾諸械器經卷及香華盂水青楊枝珊瑚大寶炬白拂朱藤杖所遇無不執所執無有疑緣何得無疑以我無心故若猶有心者千手當千心一人而千心內自相攫攘何暇能應物千手無一心手手得其處稽首大悲尊願度一切衆皆證無心灋皆具千手目

陶石簣評是楞嚴入流亡所一段註疏亦是易無思也一段註疏長公勘破此意便爾玩世

慵自傭辭只借古人文字代我叢吞夏矦孝若贊真可移以狀太白也君亦惡計其出於孝若不出於子瞻也千古一心正堪洒然 陶石簣評

倣太史論斷體

附攷 朔厭次人建安中分厭次

李太白碑陰記

李太白狂士也又嘗失節於永王璘此豈濟世之人哉而畢文簡公以王佐期之不亦過乎曰士固有大言而無實虛名不適於用者然不可以此料天下之士士以氣爲主方高力士用事公卿大夫爭事之而太白使脫靴殿上固已氣蓋天下矣使之得志必不肯附權倖以取容其肯從君於昏乎夏矦湛贊東方生云開濟明豁包含宏大陵轢卿

有理

為樂陵時湛父為郡守故贊翊云云

璘鎮江陵時脅白為府僚故其詩曰夜半水軍來迫脅上樓船辭官不受賞翻謫夜郎天長公語本此

相嘲哂豪傑。籠罩靡前。跆藉貴勢。出不休。顯賤不憂戚。戲萬乘若僚友。視儔列如草芥。雄節邁倫。高氣蓋世。可謂拔乎其萃。遊方之外者也。吾於太白亦云。太白之從永王璘。當由迫脅。不然。璘之狂肆寖陋。雖庸人知其必敗也。太白識郭子儀之為人傑。而不能知璘之無成。此理之必不然者也。吾不可以不辨。

不以得為喜

茅鹿門評古來豪儁所被橫口之污衊者多長公此一番洗刷極是

無限妙解歸之一夢見此解又不可執也

陋字有膳

衆妙堂記

眉山道士張易簡教小學常百人予幼時亦與焉居天慶觀北極院予蓋從之三年謫居海南一日夢至其處見張道士如平昔汛治庭宇若有所待者曰老先生且至其徒有誦老子者曰玄之又玄衆妙之門予曰妙一而已容有衆乎道士笑曰一已陋矣何妙之有若審妙也雖衆可也因指灑水薙艸者曰是各一妙也予復視之則二人者手若

考
郢人堊漫其
鼻端若蠅使
匠石斲之運
斤成風斲之
盡堊而鼻不
傷郢人立不
失容

叅悟

風雨而步中規矩。蓋煥然霧除。霍然雲消。予驚歎曰妙。蓋至此乎。庖丁之理解。郢人之臭斲。信矣。二人者釋技而上。曰予未覩眞妙。庖郢非其人也。是技與道相半。習與空相會。非無挾而徑造者也。予亦見夫蜩與雞乎。夫蜩登木而號。不知止也。夫雞俯首而啄。不知仰也。其固也如此。然至蛻與伏也。則無視無聽。無飢無渴。默化於荒忽之中。候伺於毫髮之間。雖聖知不及也。是豈技與習之助乎。二

老先生徑不指出

人者出道士曰子少安須老先生至而問焉二人者顧曰老先生未必知也子往見蜩與雞而問之可以養生可以長年廣州道士崇道大師何德順學道而至於妙者也故榜其堂曰衆妙書來海南求文以記之因以夢中語爲記紹聖六年三月十五日蜀人蘇某書

山水怕經好事者一番說討出面勝淘石貫評平舗直敘却自波折可喜此是性靈工帶來文字今古所希千古文人惟南華老仙太史公藉長公字々挾飛鳴之勢

石鐘山記

水經云彭蠡之口有石鐘山焉酈元以爲下臨深潭微風鼓浪水石相搏聲如洪鐘是說也人常疑之今以鐘磬置水中雖大風浪不能鳴也而況石乎至唐李渤始訪其遺蹤得雙石於潭上扣而聆之南聲函胡北音清越枹止響騰餘韻徐歇自以爲得之矣然此說也余尤疑之石之鏗然有聲者所在皆是也而此獨以鐘名何哉元豐七年六月

陳眉公評
逼真

丁丑余自齊安舟行適臨汝而長子邁將赴饒之德興尉送之至湖口因得觀所謂石鐘者寺僧使小童持斧於亂石間擇其一二扣之硿硿然余固笑而不信也至其夜月明獨與邁乘小舟至絕壁下大石側立千仞如猛獸奇鬼森然欲搏人而山上棲鶻聞人聲亦驚起磔磔雲霄間又有若老人欬且笑於山谷中者或曰此鸛鶴也余方心動欲還而大聲發於水上噌吰如鐘鼓不絕舟人大恐

得此陪說好

徐而察之。則上下皆石穴罅。不知其淺深。微波入焉。涵澹澎湃而爲此也。舟廻至兩山間。將入港口。有大石當中流。可坐百人。空中而多竅。與風水相吞吐。有窾坎鏜鞳之聲。與向之噌吰者相應。如樂作焉。因笑謂邁曰。汝識之乎。噌吰者。周景王之無射也。窾坎鏜鞳者。魏獻子之歌鐘也。古之人不余欺也。事不目見耳聞。而臆斷其有無可乎。酈元之所見聞。殆與余同。而言之不詳。士大夫終不肯以

结浔崖

小舟夜泊絕壁之下，故莫能知；而漁工水師雖知而不能言。此世所以不傳也。而陋者迺以斧斤考擊而求之，自以爲得其實。余是以記之，蓋歎酈元之簡，而笑李渤之陋也。

季常小有俠氣耳因子瞻用筆隱見出沒形容遂似大俠

陶石簣評

倣伯夷屈原傳亦叙事亦描寫亦議論若隱若現若見其人于楮墨外

附考

方山冠制前高七寸後高三寸長八寸

方山子傳

方山子光黃間隱人也（隱下姓名）少時（一篇領袖）慕朱家郭解爲人閭里之俠皆宗之稍壯折節讀書欲以此馳騁當世然終不遇晚迺遯於光黃間曰岐亭庵居蔬食不與世相聞棄車馬毀冠服徒步往來山中人莫識也（俠氣未除）見其所著帽方聳而高曰此豈古方山冠之遺像乎因謂之方山子余謫居於黃過岐亭適見焉曰嗚呼此吾故人陳慥季常也（方出姓名）何爲而在此方山

以五穀采為之

茅鹿門評
本沒要緊事
却敘得濠宕
有神

何等悲壯

子亦矍然問余所以致此者。余告之故。俯而不答。仰而笑。呼余宿其家。環堵蕭然。而妻子奴婢皆有自得之意。余既聳然異之。獨念方山子少時。使酒好劍。用財如糞土。前十有九年。余在岐山。見方山子從兩騎。挾二矢。游西山。鵲起於前。使騎逐而射之。不獲。方山子怒馬獨出。一發得之。因與余馬上論用兵及古今成敗。自謂一世豪士。今幾時耳。精悍之色。猶見於眉間。而豈山中之人哉。然方山子

宕

有此一轉

方好

滑其景趣可驚可喜

世有動閥，當得官，使從事於其間，今已顯聞，而其家在洛陽，園宅壯麗，與公侯等，河北有田，歲得帛千匹，亦足以富樂，皆棄不取，獨來窮山中，此豈無得而然哉。余聞光黄間多異人，往往徉狂垢汙，不可得而見，方山子儻見之與。不了語

茅鹿門評此篇三蘇文粹不載，余特愛其烟波生色處，令人淨澳

去業成對語必洞心

、賀歐陽少師致仕啟

伏審抗章得謝，釋位言還。天眷雖隆，莫奪已行之志；士流太息，共高難繼之風。凡在庇庥，共增慶慰。伏以懷安天下之公患，去就君子之所難。世靡不知，人更相笑。而道不勝欲，私於爲身。君臣之恩，繫縻之於前；妻子之計，推荷之於後。至於山林之士，猶有降志於垂老；而況廟堂之舊，欲使辭福於當年。有其言而無其心，有其心而無其決。愚知其蔽。

誠然

附攷
少師致仕時
有門生蔡承
禧曰公德望
為朝廷倚重
恐未及引年
公曰脩生平
名節為後生

古今一塗是以用舍行藏仲尼獨許於顔子存亡進退周易不及於賢人自非智足以周知仁足以自愛道足以忘物之得喪志足以一氣之盛衰則孰能見幾禍福之先脫屣塵垢之外常恐茲世不見其人伏惟執政觀文少師全德難名巨材不器事業三朝之望文章百世之師功存社稷而人不知躬履艱難而節乃見縱使耄期篤老猶當就見質疑而乃力辭於未及之年退託以不能而止大

猶亟殆盡惟蚤自引退以全晚節豈可更俟驅逐耶

勇若怯大智如愚至貴無軒冕而榮至仁不導引而壽較其所得孰與昔多軾受知最深聞道有自雖外爲天下惜老成之去而私喜明哲得保身之全伏暑向闌台候何似伏冀爲時自重少慰輿情

以議論入駢偶中因方為珪遇圓成璧無所不到歐文忠公云往時作四六者多用古人語及廣引故事以衒博學而不思述事不暢近時文章變體如蘇氏四六述叙委曲精盡不

謝制科啟

右軾啟。今月某日。蒙恩授前件官者。臨軒策士。方搜絕異之材。隨問獻言。誤占久虛之等。忽從佐縣。擢與評刑。內自顧於無堪。凜不知其所措。恭惟制治之要。惟有取人之難。用法者畏有司之不公。故舍其平生而論其一日。通變者恐人才之未盡。故詳於採聽。而略於臨時。茲二者之相形。顧兩全而未有。一之於考試。而掩之於倉卒。所以爲無私也

减古人

然而才行之迹無由而深知委之於察舉而要之於久長所以爲無失也然而請屬之風或因而滋長此隋唐進士之所以爲有弊魏晉中正之所以爲多姦惟是賢良茂異之科兼用考試察舉之法每中年輒下明詔使兩制各舉所聞在家者能孝而恭在官者能廉而愼臨之以患難而能不變邀之以寵利而能不回既已得其行已之大方然後責其當世之要用學博者又須守約而後取文麗

茅鹿門評
此論宋時進士科及制科之商榷為得其法

者或以用寡而見尤特於萬人之中求其百全之美凡與中書之召命已為天下之選人而又有不可測知之論以觀其默識之能無所不問之策以效其博通之實至於此而不去則其人之可知然猶使御史得以求其疵諫官得以考其素一陷清議輒為廢人是以始由察舉而無請謁公行之私終用考試而無倉卒不審之患蓋其取人也如此之密則夫不肖者安得而容軾才不逮人少而自

信治經獨傳於家學爲文不願於世知特以飢寒之憂出求升斗之祿不謂諸公之過聽使與羣豪而並進始不自量欲行其志遂竊俊良之舉不知氣力之微論事迂濶而不能動人讀書疎畧而無以應敵取之甚媿得而益慚此蓋伏遇某官德爲世之望人位爲時之顯處聲稱所被四方莫不奔趨議論一加多士以爲進退致茲庸末亦與甄收然而志卑處高德薄寵厚歷觀前輩由此爲致君

之資敢以微軀自今爲許國之始過此以往未知
所裁

讀東坡諸策問皆似可以不復置對

、策問五首

問人主莫不欲安存而惡危亡。然而其國常至於不可救者。何也。所憂者。非其所以亂與亡。而其所以亂與亡者。常出於其所不憂也。請借漢以言之。昔者高帝之世。天下旣平矣。當時之所憂者韓彭英盧而已。此四王者。皆不能終高帝之世。相繼仆滅。而不復續。及至呂氏之禍。則猶異姓也。呂氏旣已滅矣。而吳楚之憂。幾至於亡國。方韓彭呂氏之禍。惟恐同姓之不蕃熾昌大也。然至其爲變。則又過於異姓遠矣。文景之世。以爲諸侯分裂破弱。則漢可以百世而無憂。至於武帝。諸侯之勢少衰。而匈奴之患方熾。則又以爲天下之憂。止於此矣。及昭宣元成之世。諸侯王既巳無足憂者。而匈奴又破滅臣事於漢。然其所以卒至於中絶而不救。則其所不慮之王氏也。世祖既立。上懲韓彭之難。中鑒七國之變。而下悼王氏之禍。於是盡侯諸將。而

李卓吾評：此正天將亡人國，其禍敗又出於智之所不及。

不任以事，裁減同姓之封，而黜三公之權，以爲前世之所憂盡去矣。及其衰也，宦官之權盛，而黨錮之難起，士大夫相與搤腕，而遊談者以爲天子一日誅宦官而解黨錮，則天下猶可以無事。於是外召諸將，而內脅其君，宦官既誅無遺類，而董卓、曹操之徒，亦因以亡漢。漢之所憂者凡六變，而其亂與亡，輒出於其所不憂，而終不可備。由此觀之，治亂存亡之勢，其皆有以取之歟？抑將不可推如江

姚委

因字應前借字

河之徙移其勢自有以相激而不自知歟其亦可以理推力救而莫之爲也今將使事至而應之患至而爲之謀則天下之患不可以勝防而政化不可以勝變矣則亦將朝文而莫質忽寬而驟猛歟意者亦有可以長守而不變雖有小患而不足卹者歟願因論漢而極言其所以然

問古者師出受成於學兵固學者之所宜知也今關中之事又諸君之所親履而目見者昔者六國

之世。秦盡有今關中之地。地不加廣也。而東備齊
南備楚。近則備韓魏。遠則備燕趙。有敵國之憂。而
無中原之助。然而當是時也。攘却西戎。至千餘里。
今也天下爲一。獨以關中之地。西備羌戎。三方無
敵國之憂。而又內引百郡以爲助。惴惴焉自固之
不暇。以百倍之勢。而無昔人分毫之功。此不可不
論也。古之爲兵者。戍其地則用其地之民。戰其野。
則食其野之粟。守其國則乘其國之馬。是以外被

勘詩好

兵而内不知此所以百戰而不殆也今則不然戍邊用東北之人覊糧用内郡之錢騎戰用西羌之馬是以一郡用兵而百郡騷然此又不可不論也

昔者衛爲狄所滅齊桓公以車三十乘封文公於楚丘及其末年至三百乘故其詩曰匪直也人秉心塞淵騋牝三千以爲資之四夷則衛之所近者莫若狄當是時也狄與衛爲仇讐其勢必不以馬與衛然則衛獨以何術而能致馬如此之多耶今

亦一奇論

欲使被兵之郡，自用其民，自食其粟，自乘其馬，而不得其術，故願聞其詳。

問古之爲爵賞，所以待有功也，以爲有功而後爵天下，必有遺善，是故有無功而爵者，六德六行，以興賢人是也。古之爲刑罰，所以待有罪也，以爲有罪而後罰，則天下必有遺惡，是故有無罪而罰者，行僞而堅，言僞而辨，學非而博，順非而澤，以疑衆殺是也。夫人之難知，自堯舜病之，惟幸其有功，故有以爲賞之之名惟因其有罪故有以爲罰之之狀而天下不爭今使無功之人名之以某德而爵之無罪之人狀之以某惡而誅之則天下不知其所從而上亦將眊亂而喪其所守然則古之人將何以處此歟方今法令明具政若畫一然猶有冒昧以僥倖巧詆以出入者又況無功而賞無罪而罰歟古之人將必有以處此也

問昔漢受天下於秦因秦之制而不害爲漢唐受

李卓吾評
[illegible]之論

天下於隋因隋之制而不害爲唐漢之與秦唐之與隋其治亂安危至相遠也然而卒無所改易又況於積安久治其道固不事變也世之君子以爲善人爲邦百年可以勝殘去殺病其説之不效急於有功而歸咎於法制是以頻年遣使冠蓋相望於道以求民之所患苦罷去茶禁歸之於民不以刑獄委任武吏至於考功取士皆有所損益行之數年卒未見其成而紛紜之議争以爲不便嗟乎

變化不窮

曲盡

此特其小者耳事之可變將復有大於此者今欲盡易天下之驕卒以爲府兵盡驅天下之異教以爲齊民盡覈天下之惰吏以爲考課盡率天下之游士以爲農桑其爲拂世厲俗非特如今之所行也行其小者且不能辦則其大者又安敢議然則是終不可變歟將變之不得其術歟將已得其術而紛紜之議不足卹歟無乃其道可變而不在其迹歟所謂勝殘去殺者其卒無效歟願條其說

俱確然之論

可為法喋

問任人而不任法則法簡而人重任法而不任人則法繁而人輕法簡而人重其弊也請謁公行而威勢下移法繁而人輕其弊也人得苟免而賢不肖均此古今之通患也夫欲人法並用輕重相持當安所折衷使近古而宜今有益而無損乎今舉於禮部者皆用糊名易書之法選於吏部者皆用長守不易之格六卿之長不得一用其意而胥吏姦人皆出沒其間此豈治世之法哉如使有司皆

若唐以前。得自以其意。進退天下士大夫。官吏恣擅流言。紛紜之害。將何以止之。古之人。何脩而免於此。夫豈無術。不講故也。願聞其詳。

蘇長公小品卷二

尺牘

與李公擇
與龐安常
與滕達道三首
與朱康叔
與姜唐佐秀才
與王慶源
答范蜀公
答言上人

答呂凞道
與蔡景繁二首
與王元直二首
與徐得之
與毛維瞻
答賈耘老
與王定國
贈王文甫

贊

三笑圖賛
小篆般若心經賛
李西平畫賛
辯才大師真賛
李伯時所畫沐猴馬賛

不恨寓嶺表
所恨荔枝少
興化軍園池
勝處惟種荔

蘇長公小品卷二

古揚王聖俞評選

與循守周文之

近日屢獲教音及林增城至又得聞動止之詳併深感慰桃荔米酒諸信皆達矣荷佩厚眷難以盡諭今歲荔子不熟土產早者既酸且少而增城晚者不至方有空寓嶺表之歎忽信使至適有五客人食五枚飽外又以歸遺皆云其香如練家紫但

枝尤重陳家
紫此云練家
紫未詳

差小耳二廣未嘗有此異哉又使人健行八百枚無一損者此尤異也林令奇士幸此少留公所與者故自不凡也蒸暑異常萬萬以時珎嗇

粧撰有情致

清溪筆老反覆有餘味此坡公之所存詣者矣以在得罪後故耶寒温語亦自委曲有致

答李端叔書

軾頓首再拜。聞足下名久矣。又於相識處。往往見所作詩文。雖不多。亦足以髣髴其爲人矣。尋常不通書問。怠慢之罪。猶可闊略。及足下斬然在疚。亦不能以一字奉慰。舍弟子由至。先蒙惠書。又復懶不卽答。頑鈍廢禮。一至於此。而足下終不棄絕。遞中再辱手書。待遇益隆。覽之面熱汗下也。足下才高識明。不應輕許與人。得非用黃魯直秦太虛輩

用意圖活不定如此

陶石簣評少年時一段是真實話人却不肯說

語眞以爲然耶不肖爲人所憎而二子獨喜見譽如人嗜昌歜羊棗未易詰其所以然者以二子爲妄則不可遂欲以移之衆口又大不可也軾少年時讀書作文專爲應舉而已既及進士第貪得不已又舉制策其實何所有而其科號爲直言極諫故每紛然誦説古今考論是非以應其名耳人苦不自知既以此得因以爲實能之故譊譊至今坐此得罪幾死所謂齊虜以口舌得官眞可笑也然

自處甚卑卻自不卑

杜德機妙甚

陳眉公評

摹寫情事令人墮淚

奇絶

世人遂以軾爲欲立異同則過矣妄論利害攙説得失此正制科人習氣譬之候蟲時鳥自鳴自已何足爲損益軾每怪時人待軾過重而足下又復稱説如此愈非其實得罪以來深自閉塞扁舟草履放浪山水間與樵漁雜處往往爲醉人所推罵輒自喜漸不爲人識平生親友無一字見及有書與之亦不答自幸庶幾免矣足下又復創相推與甚非所望木有癭石有暈犀有通以取妍於人皆

物之病也適居無事默自觀省回視三十年以來所爲多其病者足下所見皆故我非今我也無乃聞其聲不考其情取其華而遺其實乎抑將又有取於此也此事非相見不能盡自得罪後不敢作文字此書雖非文然信筆書意不覺累幅亦不須示人必喻此意歲行盡寒苦惟萬萬節哀強食不次

跌宕有高韻

老人語

答秦太虚書

軾啟五月末舍弟來得手書勞問甚厚日欲裁謝因循至今遁中復辱教感愧益甚比日履茲初寒起居何如軾寓居粗遣但舍弟初到筠州即喪一女而軾亦喪一老乳母悼念未衰又得鄉信堂兄中舍九月中逝去異鄉衰病觸目悽感念人命脆弱如此又承見喻中間得疾不輕且喜復健吾儕漸衰不可復作少年調度當速用道書方士之言

厚自養鍊適居無事頗窺其一二已借得本州大慶觀道堂三間冬至後當入此室四十九日迺出自非廢放安得就此太虛他日一爲仕宦所縻欲求四十九日閑豈可復得耶當及今爲之但擇平時所謂簡要易行者日夜爲之寢食之外不治他事得滿此期根本立矣此後縱復出從人事事已則心返自不能廢矣此書到日恐已不及然亦不須用冬至也寄示詩文皆超然勝絕亹亹焉來逼

多著書亦良謀

人矣如我輩亦不勞逼也太虛未免求祿仕方應舉求之應舉不可必竊爲君謀宜多著書如所示論兵及盜賊等數篇但似此得數十首皆卓然有可用之實者不須及時事也但旋作此書亦不可廢應舉此書若成聊復相示當有知君者想喻此意也公擇近過此相聚數日說太虛不離口莘老未嘗得書知未暇通問程公闢須其子履中哀詞軾本自求作今豈可食言但得罪以來不復作文

陳眉公評
溪山景色時
時皆有騰寫

字自持頗嚴若復一作則決壞藩墻今後仍復衰
衰多言矣初到黃廩入既絕人口不少私甚憂之
但痛自節儉日用不得過百五十每月朔便取四
千五百錢斷爲三十塊掛屋梁上平旦用畫叉挑
取一塊即藏去叉仍以大竹筒別貯用不盡者以
待賓客此賈耘老法也度囊中尚可支一歲有餘
至時別作經畫水到渠成不須豫慮以此胸中都
無一事所居對岸武昌山水佳絕有蜀人王生在

人見之為快耳

又評 敘處如美人點睛輕妙之甚

說到此詞意津津

邑中往往為風濤所隔不能卽歸則王生能為殺雞炊黍至數日不厭又有潘生者作酒店樊口棹小舟徑至店下村酒亦自醇釅柑橘椑柿極多大芋長尺餘不減蜀中外縣米斗二十有水路可致羊肉如北方猪牛麞鹿如土魚蟹不論錢岐亭監酒胡定之載書萬卷隨行喜借人看黃州曹官數人皆家善庖饌喜作會太虛視此數事吾事豈不旣濟矣乎欲與太虛言者無窮但紙盡耳展讀至

此想見掀髯一笑也子駿固吾所畏其子亦可喜曾與相見否此中有黃岡少府張舜臣者其兄堯臣皆云與太虛相熟兒子每蒙批問適會葬老乳母今勾當作墳未暇拜書歲晚苦寒惟萬萬自重李端叔一書託爲達之夜中微被酒書不成字不罪不罪不宣軾再拜

陶石簣評目前之趣壺中之事俗人不能知知人多不能言言人多不能發坡翁能知能言能發真人精也

東坡論文的的如此

、與謝民師推官書

軾啟近奉違亟辱問訊具審起居佳勝感慰深矣軾受性剛簡學迂材下坐廢累年不敢復齒縉紳自還海北見平生親舊惘然如隔世人況與左右無一日之雅而敢求交乎數賜見臨傾蓋如故幸甚過望不可言也所示書教及詩賦雜文觀之熟矣大約如行雲流水初無定質但常行於所當行常止於不可不止文理自然姿態橫生孔子曰言

李卓吾評
實際之語

陳眉公評
議論兩人真
足不朽千古

之不文。行之不遠。又曰辭達而已矣。夫言止於達
意疑若不文。是大不然。求物之妙。如繫風捕影。能
使是物了然於心者。蓋千萬人而不一遇也。而況
能使了然於口與手者乎。是之謂辭達。辭至於能
達。則文不可勝用矣。楊雄好爲艱深之辭。以文淺
易之說。若正言之。則人人知之矣。此正所謂雕蟲
篆刻者。其太玄法言。皆是類也。而獨悔於賦何哉。
終身雕虫。而獨變其音節。便謂之經可乎。屈原作

賈誼賦寔不及相如

離騷經蓋風雅之再變者，雖與日月爭光可也。可以其似賦，而謂之雕蟲乎。使賈誼見孔子，升堂有餘矣。而乃以賦鄙之，至與司馬相如同科，雄之陋如此比者甚衆，可與知者道，難與俗人言也。因論文偶及之耳。歐陽文忠公言文章如精金美玉，市有定價，非人所能以口舌定貴賤也。紛紛多言，豈能有益於左右，愧悚不已。所須惠力法雨堂字，軾本不善作大字，强作終不佳，又舟中局迫難寫，未能如教。然軾方過臨江，當往游焉。或僧有所欲記錄，當作數句留院中，慰左右念親之意。今日已至峽山寺，少留即去，愈遠，惟萬萬以時自愛。不宣。

陶石簣評坡翁自評其文

刳形去皮用莊子全句余見舊本如此改作智字太減氣骨東坡所惡於俗子改竄

答劉沔都曹書

軾頓首都曹劉君足下。蒙示書教及編錄拙詩文二十卷。軾平生以言語文字見知於世。亦以此取疾於人。得失相補。不如不作之安也。以此常欲焚棄筆硯。爲瘖默人。而習氣宿業。未能盡去。亦謂隨手雲散鳥沒矣。不知足下默隨其後。掇拾編綴。略無遺者。覽之慙汗。可爲多言之戒。然世之蓄軾詩文者多矣。率眞僞相半。又多爲俗子所改竄。讀之

李卓吾評
見地超卓

使人不平。然亦不足怪。識眞者少。蓋從古所病。梁蕭統集文選。世以爲工。以軾觀之。拙於文而陋於識者。莫統若也。宋玉賦高唐神女。其初略陳所夢之因。如子虛亡是公相與問荅。皆賦矣。而統謂之敘。此與兒童之見何異。李陵蘇武贈別長安。而詩有江漢之語。及陵與武書。詞句儇淺。正齊梁間小兒所擬作。决非西漢文。而統不悟。劉子玄獨知之。范曄作蔡琰傳。載其二詩。亦非是。董卓已死。琰乃

遥相貫應中間引古皆是自寓

流落方卓之亂伯喈尚無恙也而其詩迺云以卓亂故流入於胡此豈真琰語哉其筆勢迺效建安七子者非東漢詩也李太白韓退之白樂天詩文皆爲庸俗所亂可爲大息今足下所示二十卷無一篇僞者又少謬誤及所示書辭清婉雅奥有作者風氣知足下致力於斯文久矣軾窮困本坐文字蓋願刳形去皮而不可得者然幼子過文益奇在海外孤寂無聊過時出一篇見娛則爲數日喜

寢食有味。以此知文章。如金玉珠貝。未易鄙棄也。見足下詞學如此。又喜吾同年兄龍圖公之有後也。故勉作報書。匆匆不宣。

此老徧不喜
人妄意作奇

用意悃款

、與魯直

晁君寄騷細看甚奇信其家多異材耶然有少意欲魯直以已意微箴之凡人文字務使平和至足餘溢爲奇怪蓋出於不得已爾晁文奇怪似差早然不可直云耳非謂其諱也恐傷其邁往之氣當爲朋友講磨之語乃宜不知公謂然否

坡嘗稱山谷文超逸絕塵馭風騎氣獨以奇崴晁歎老其才耳

便有無數轉換

與李公擇

秋色佳哉想有以爲樂人生惟寒食重九慎不可虛擲四時之變無如此節者近有潮州人寄一物其上云扶劣膏不言何物狀似羊脂而堅盛竹筒中公識此物否味其名必佳物也若識之當詳以示可分去或問習海南者子由近作棲賢堂記讀之慘凜覺崩崖飛瀑逼人寒栗

善求理者隨處參入

傻爾從橫反

與龐安常

端居靜念思五臟皆止一而腎獨二葢萬物之所終始生之所出死之所入故也太玄罔直蒙酋冥罔爲冬直爲春蒙爲夏酋爲秋冥復爲冬則此理也人之四肢九竅凡兩者皆水屬也兩腎兩足兩外腎兩手兩目兩鼻孔皆水之升降出入也手足兩腎舊說固與腎相表裏而鼻與目皆古未之言也豈亦有之而僕觀書少不見耶以理推之此兩

處所謂文理自然姿態橫生

者其液皆鹹非水而何僕以爲不得此理則内丹不成此又未易以筆墨究也古人作明目方皆先養腎水而以心火煖之以脾土固之脾氣盛則水不下泄心氣下則水上行水不下泄而上行目安得不明哉孫思邈用磁石爲主而以朱砂神麴佐之豈此理也夫安常博極羣書而善窮物理當爲僕思之是否一報其書

可入參同契註疏

似是裁箋人

與滕達道

某閑廢無所用心專治經書一二年間欲了却論語書易舍弟亦了却春秋詩雖拙學自謂頗正古今之誤粗有益於世瞑目無憾往往又笑不會取快活是措大餘業聞令子手筆甚高見其寫字想見其人超然者也

又

示喻宜甫夢遇於傳無有某聞見不廣何足以質

東坡意見逸出時時襲奪

禪家上乘但是襲得耳

陶石簣評燒不着處一語可味

理至之言轉語妙捷

然冷煖自知。殆未可以前人之有無爲證也。自聞此事。而士大夫多異論。意謂中途必一見得相叅扣。竟不果此意。衆生流浪火宅。纏遶愛賊。故爲飢火所燒。然其間自有燒不着處。一念清淨。便不服食。亦理之常。無足怪者。方其不食。不可強使食。猶其方食。不可強使之不食也。此間何必生異論乎。願公以食不食爲旦暮。以仕不仕爲寒暑。此外默而識之。若以不食爲勝解。則與異論者相去無幾

干求中卻愛得風味

矣。偶蒙下問。輒此奉賡而已。不罪不罪。

又

某好攜具野飲，欲問公求紅朱累子兩桌二十四隔者，極爲左右費。然遂成藉草之樂，爲不淺也。有便望頒示。悚息悚息。某感時氣，臥疾逾月，今已全安。但幼累更臥，尚紛紛也。措道人名世昌，縣竹人。多藝。然可閙考驗，亦足以遺懣也。留此幾一年，與之稍熟。恐要知之。

詞家用古所貴不改一語方見本色

與朱康叔

閤名久思未獲佳者更乞詳閤之所向及側近故事故跡爲幸董義夫相聚多日甚歡未嘗一日不談公美也舊好誦陶潛歸去來嘗患其不入音律近輒微加增損作般涉調哨遍雖微改其詞而不改其意請以文選及本傳考之方知字字皆非創入也謹小楷一本寄上却求爲書抛磚之謂也亦請錄一本與元弼爲病勸不及別作書也數日前

飲醉後作頑石亂篠一紙私甚惜之念公篤好故以奉獻幸檢至

簡而多風

與姜唐佐秀才

今日霽色猶可喜，食已，當取天慶觀乳泉潑建茶之精者，念非君莫與共之。然早來市無肉，當相與啖菜飯耳，不嫌可只今相過。某啟上。

袁石公評：寥寥數語自饒韻致

以公蜀人故其之談鄉思

與王慶源

高密風土食物稍佳但省租公庫減削索然貧儉始至值歲飢人豪剽劫無虛日凡督捕姦宄五七十人近始肅然鬬訟頗簡稍葺治園亭居之亦粗可樂但值登高西南引領即悵然終日近稍能飲酒終日可飲十五銀盞他日粗可奉陪於瑞草橋路上放歌倒載也

與朱子所譏抱薪救火

答范蜀公

承別紙示諭，麴糵有毒，平地生出醉鄉；土偶作祟，眼前妄見佛國。公欲哀而救之，問所以救者，小子何人，固不敢不對。公方立仁義以爲城池，操詩書以爲干楯，則舟中之人盡爲敵國，雖公盛德，小子亦未知勝負所在。願公宴坐靜室，常作是念：當觀彼能惑之性，安所從生？又觀公欲救之心，作何形段？此猶不立，彼復何依？雖黃面瞿曇，亦須斂衽而況學之者耶。聊復信筆，以發公千里一笑而已。

陳留公評新詞巧意疊疊迭出

不啻優劣更倍

李卓吾評
風致翩翩

答言上人

去歲吳興倉卒爲別，至今耿耿。謫居窮陋，往還斷盡，遠辱不遺，尺書見及，感怍殊深。比日法體佳勝。札翰愈精健，詩必稱是，不嘗見示，何也？雪齋清境，發於夢想，此間但有荒山大江，脩竹古木，每飲村酒，醉後曳杖放脚，不知遠近，亦曠然天真，與武林舊遊，未見優劣也。何時會合一笑，惟萬萬自愛。

他語人能道之加睡足二字便自不同

答呂熈道

南都任半月。恍然如一夢耳。思企德義。每以悵然。舍弟朴訥寡徒。非長者輕勢重道。誰肯相厚者。湖州江山風物。不類人間。加以事少睡足。眞拙者之慶。有幹不外。

時戒不作詩文

與蔡景繁

承愛女微疾今已必全安矣某病咳逾月不已雖無可憂之狀而無憀甚矣臨皋南畔竟添却屋三間極虛敞便夏蒙賜不淺胸山臨海石室信如所諭前某嘗攜家一遊時家有胡琴婢就室中作濩索涼州凜然有冰車鐵馬之聲婢去久矣因公復起一念若果遊此當有新篇果爾者亦當破戒奉和也呵呵

又

近來頗佳健，一病半年，無所不有。今又一時失去，無分毫在者。足明憂喜浮幻，舉非眞實，因此頗知衞生之經。平日妄念雜好，掃地盡矣。公比來諸況何如？刻刷之來，不少勞乎？思渴之至，非筆墨所能盡也。

妙處只在尺幅短而轉換多

與徐得之

得之晚得子，聞之喜慰可知。不敢以俗物爲賀，所用硯一枚送上。須是學書時矣。知似太早，然俯仰間便自見其成立，但催促吾儕日益潦倒耳。恐得之惜别，又復前去。家中闕人抱孩兒，深爲不皇。呵呵。

送研致祝，字字祝，字字不露祝

入俚語，看真趣

黄山谷云：王元直游東坡雲霧中，風氣殊勝，由此觀之，豈可不擇交游親戚耶

陳眉公評：丘文莊嘗言眼前景致，便是詩家絶妙

與王元直

黄州真在井底，杳不聞鄉國信息。不審比日起居何如？郎娘各安否？此中凡百粗遣。江邊弄水挑菜，便過一日。每見一邸報，須數人下獄得罪。方朝廷綜核名實，雖才者猶不堪其任。況僕頑鈍如此，其廢棄固宜。但有少望，或聖恩許歸田里，得款段一僕與子衆丈楊宗文之流，往來瑞草橋，夜還何村，與君對坐莊門，喫瓜子炒豆。不知當復有此日否。

詞觀此安語良然

記此何爲耶不倫不理偶然有致

存道奄忽。使我至今酸辛。其家亦安在。人還詳示數字。餘惟萬萬保愛。

又

王箴字元直小名三老翁小字慠叔

元祐四年十月十八日夜與王元直飲酒。掇薺菜食之甚美。頗憶蜀中巢菜。悵然久之。

無他亦自饒

猶古詩言嶺上白雲不堪持奉耳

與毛維瞻

歲行盡矣風雨淒然紙牕竹屋燈火青熒時於此間得少佳趣無繇持獻獨享爲愧想當一笑也

肌骨欲冷

是畫之妙不堪自讚故以調笑語自方寓意

答賈耘老

今日舟中無他事。十指如懸槌。適有人致嘉酒。遂獨飲一杯。醺然徑醉。念賈處士貧甚。無以慰其意。乃爲作怪石古木一紙。每遇飢時。輒以開看。還能飽人否。若吳興有好事者。能爲君月致米三石。酒二斗。終君之世者。便以贈之。不爾者。可令雙荷葉收掌。須添丁長以付之也。

可以樂饑

以奇破澹

救護

與王定國

數日病臥，在告不審起居佳否。知今日會兩僧，清虛陰森，正好劇飲，無狂客，冰玉相對，得無少澹否。扶病暫起，見與子由簡，大罵書尺往還，正是擾人可憎之物。公乃以此爲喜怒乎。仙人王遠云：得此書，當復劇口大罵之，固應爾，然而不可以徒罵也。知公澹甚，狂發一笑。張十七必在坐，幸仰意。

去留自主

贈王文甫

昨日大風，欲去而不可。今日無風，可去而我意欲留。文甫欲我去者，當使風水與我意會，如此，便當作留客過歲準備也。

惟意所如

善乎自覓

荅僧即以僧譬

答參寥

釋道潛自號參寥子用莊子語也與子瞻少游為詩友其詩清麗不類浮屠語

專人遠來辱手書并示近詩如獲一笑之樂數日喜慰忘味也某到貶所半年凡百粗遣更不能細說大略只似靈隱天竺和尚退院後却在一箇小村院子折足鐺中罨糙米飯喫便過一生也得其餘瘴癘病人北方何嘗不病是病皆死得人何必瘴氣但苦無醫藥京師國醫手裏死漢尤多參寥聞此一笑當不復憂我也故人相知者即以此語

之餘人不足與道也未會合間千萬爲道善愛自重

又

頴沙彌書迹巉聳可畏他日眞妙總門下龍象也老夫不復止以詩句字畫期之矣老師年紀不必尚留情詩句字畫間爲兒戲事耶然此回示詩超然眞游戲三昧也居間不免時時弄筆見索書字要楷法輒往數篇終不甚楷也秖一讀了付頴師○䫌○頴○

兩頭話冡奇

又一層出脫

自信又奇

收勿示餘人也。雪浪齋詩，尤奇偉感激。感激。轉海相訪一段奇事。但聞海船遇風，如在高山上墜深谷中，非愚無知與至人，皆不可處。胥靡遺生，恐吾輩不可學，若是至人無一事，冒此險做什麽。千萬勿萌此意。頡師喜於得預乘桴之游耳，所謂無所取裁者，其言不可聽。切切相知之深，不可不盡，自其實耳。自揣餘生，必須相見，公但記此言，非妄語也。

栽木寓自傷之意

與陳天佯

白鶴峰新居成。當從天佯求數色果木。太大則難活。太小則老人不能待。當酌中者。又須土碪稍大不傷根者爲佳。不罪不罪。

遇事成韻

與米元章

某昨日啖冷過度。夜暴下。旦復疲甚。食黄芪粥甚美。臥閲四印奇古。失病所在。明日會食乞且罷需稍健。或雨過翛然時也。印却納。

蕭然不俗尺牘擅場

東坡所作禪家文字多然皆一時率筆成趣獨此十八贊沉思而得之景況幽澹句後淵妙當為獨步
茅鹿門評此等文字韓歐所不欲為此等見解韓歐所不能及由長公少悟禪宗及道南海後遍歷劫

十八大阿羅漢頌

蜀金水張氏畫十八大阿羅漢。軾謫居儋耳。得之民間。海南荒陋。不類人世。此畫何自至哉。父逃空谷。如見師友。乃命過躬易其裝標。設燈塗香果以禮之。張氏以畫羅漢有名。唐末蓋世擅其藝。今成都僧敏行。其玄孫也。梵相奇古。學術淵博。蜀人皆曰。此羅漢化生其家也。軾外祖父程公。少時游京師。還遇蜀亂。絕糧不能歸。困臥旅舍。有僧十六人

幻以壯心性超朗乃爾可謂絶世之文此十八題俱意外有會余最愛之

往見之。曰。我。公之邑人也。各以錢二百貸之。公以是得歸。竟不知僧所在。公曰。此阿羅漢也。歲設大供四。公年九十。凡設二百餘供。今軾雖不親覩其人而困厄九死之餘。鳥言卉服之間。獲此奇勝。豈非希濶之遇也哉。乃各即其體像。而窮其思致。以爲之頌。

第一尊者。結跏正坐。蠻奴側立。有鬼使者。稽顙於前。侍者取其書通之。頌曰。

悠然有遠思

澹絶雋絶

月明星稀，𡿱在𡿱亡，煌煌東方，惟有啟明，洛爾上座，及阿闍梨，代佛出世，惟大弟子。

第二尊者，合掌趺坐，蠻奴捧牘於前，老人發之，中有琉璃器，貯舍利十數，頌曰：

佛無滅生，通塞在人。墻壁瓦礫，誰非法身。尊者斂手，不起於坐，示有敬耳，起心則那。

第三尊者，扶烏木養和，正坐，下有白沐猴獻果，侍者執盤受之。頌曰：

甚憐弱讀至此令人短氣

屈三指却云為三為七大是慧心

我非標人人莫吾識是雪衣者豈具眼叟方食知獻何愧於猿爲語柝子勿憎王孫

第四尊者側坐屈三指答胡人之問下有蠻奴捧函童子戲捕龜者頌曰

彼問云何計數以對爲三爲七莫有知者雷動風行屈信指間汝觀明月在我指端

第五尊者臨淵濤抱膝而坐神女出水中蠻奴受其書頌曰

如止水魚鱗鬣可数

形與道一道無不在天宫鬼府奚往而礙婉彼奇女躍於濤瀧神馬尻輿攝衣從之

第六尊者右手支頤左手拊稺獅子顧視侍者擇瓜而剖之頌曰

手拊雛猊目視瓜獻甘芳之意若達於面六塵並入心亦徧知即此知者爲大摩尼

第七尊者臨水側坐有龍出焉吐珠其手中胡人持短錫杖蠻奴捧鉢而立頌曰

我以道眼爲傳法宗爾以願力爲護法龍道成願
滿見佛不作盡取玉函以畀思邈

第八尊者並膝而坐加肘其上侍者汲水過
前有神人涌出於地捧盤獻寶頌曰

爾以捨來我以慈受各獲其心寶則誰有視我如
爾取與則同我爾福德如四方空

第九尊者食已撲鉢持數珠誦呪而坐下有
童子搆火具茶又有埋筒注水蓮池中者頌

曰。飯食已畢。撲缽而坐。童子茗供。吹籥發火。我作佛事。淵乎妙哉。空山無人。水流花開。

淨意處寘然忘言

第十尊者執經正坐。有仙人侍女焚香於前。頌曰。

飛仙玉潔。侍女雲潔。潛首炷香。敢問致道。我道大同。有覺無脩。豈不長生。非我所求。

第十一尊者。趺坐焚香。侍者拱手。胡人捧函

而立頌曰

前聖後聖相喻以言口如布穀而意莫傳鼻觀寂
如諸根自例歆知此香一炷千偈

第十二尊者正坐入定枯木中其神騰出於
上有大蟒出其下頌曰

默坐者形空飛者神二俱非是歆爲此身佛子何
爲懷毒不已願解此相問誰縛爾

第十三尊者倚杖垂足側坐侍者捧函而立

妃字奇絶

有至理語復柔澹

身移怨存謂此一角亂前身亦胡人也

有虎過前。有童子怖匿而竊窺之。頌曰。

是與我同。不噬其妃。一念之差。墮此髽髵。師慈愍。爲爾顰歎。以爾猛裂。復性不難。

第十四尊者持鈴杵正坐誦呪。侍者整衣於右。胡人横短錫跪坐於左。有虬一角。若仰訴者。頌曰。

此亂字指胡人

彼髯而虬。長跪自言。特角亦來。身移怨存。以無言音。誦無説法。風止火滅。無相仇者。

楚江先生意趣

第十五尊者。鬚眉皆白。袖手趺坐。胡人拜伏於前。蠻奴手持拄杖。侍者合掌而立。頌曰。

聞法最先。事佛亦久。耄然衆中。是大長老。薪水井臼。老矣不能。摧伏魔軍。不戰而勝。

第十六尊者。横如意趺坐。下有童子發香篆。侍者注水花盆中。頌曰。

盆花浮紅。篆烟繚青。無問無答。如意自横。點瑟既希。回琴不鼓。此間有曲。可歌可舞。

第十七尊者臨水側坐仰觀飛鶴其一既下集矣侍者以手拊之有童子提竹籃取果實投水中頌曰

引之浩茫與鶴皆翔藏之幽深與魚皆沉大阿羅漢入佛三昧俯仰之間再拊海外

第十八尊者植拂支頤瞪目而坐下有二童子破石榴以獻頌曰

植拂支頤寂然跏趺尊者所游物之初耶聞之於

不援儒更好

是彼中語

佛及吾子思名不用處是未發時

跋尾

佛滅度後閻浮提衆生剛狠自用莫肯信入故諸賢聖皆隱不現獨以像設遺言提引未悟而峨眉五臺廬山天台猶出光景變異使人了然見之軾家藏十六羅漢像每設茶供則化爲白乳或凝爲雪花桃李芍藥僅可指名或云羅漢慈悲深重急於接物故多現神變倘其然乎今於海内得十八

羅漢像。以授子由弟使以時修敬。遇夫婦生日。輒設供。以祈年集福。并以前所作頌寄之。子由以二月二十日生。其婦德陽郡夫人史氏。以十一月十七日生。是歲中元日題。

陶石簣評目擊道存依稀作華嚴境界矣

立喻奇他人夢想不到

答孔君頌

夢中撥井及半而止出入不能本非住處我今何爲日作此苦忽然夢覺身在床上不知向來本元無井不應復作出入住想道無深淺不無遠近見物失空空未嘗滅物去空現亦未嘗生應當正念作如是觀

雖戲而有玄情

、禪戲頌

已熟之肉，無復活理，投在東坡無礙羹釜中，有何不可。問大王禪和子，且道是肉是素，喫得是喫不得。是大奇大奇，一盌羹，勘破天下禪和子。

然則畢竟如何作答。胡海陵云：莫安排。

隨說隨掃
又掃一層

十二時中偈

十二時中嘗切覺察。遮箇是什麽。十二月二十日。自泗守席上回。忽然夢得箇消息。乃作偈曰。

百滚油鐺裏恣把心肝煠。遮箇在其中。不寒亦不熱。似則是似。是則未是。不唯遮箇不寒熱。那箇也不寒熱。咄。甚叫做遮箇那箇。

此因忽夢有得而記之者故序載月日

居士盖看道者也

、南屏激水偈

水激之高，如所從來，屈伸相報，報盡而止，止不失平，於以觀法。

熙寧中作此偈，以示用文闍黎，後十六年，再過南屏，復錄以示雲玩上座，元祐四年九月望日。

奇思

、木峰偈

元豐七年。臈月朔日。東坡居士。過臨淮。謁普照王塔。過襄師房。觀所藏佛骨舍利，捨木山一峰供養。乃說偈言。

楞然無根。生意永斷。刼火洞然。爲君作炭。

莊子有云無聽之以耳而聽之以心無聽之以心而聽之以氣凡禅宗文字半須氣聽

、觀藏眞畫布袋和尚像偈

拄杖指天布袋着地掉却數珠好一覺睡齋罷也洗鉢盂去

起優楚楚

此法東坡屢言之

養生偈

已饑方食，未飽方止。散步逍遙，務令腹空。每腹空時，卽便入定。不拘晝夜，坐卧自便。惟在攝身，使如木偶。常自念言：我今此身，若少動搖，如毛髮許，便墮地獄。如商君法，如孫武令，事在必行，有死無犯。又必用佛及老莊語，眡鼻端白，數出入息，緜緜若存，用之不勤。數至數百，此生寂然，此身兀然，與虛空等。不煩禁制，自然不動。數至數千，或不能數，則

有一法強名曰隨與息俱出復與俱入隨之不已

一旦自任不出不入或覺此息從毛孔中八萬四

千雲蒸雨散無始巳來諸病自除諸瘴自滅自然

明悟譬如盲人忽然有眼此時何用求人指路是

故老人言盡於此

曲折隨勢如自然曲木几不施琱琢

敘狂態曲盡

奇人奇文

文如画

郜忠恕畫贊

右張夢得所藏郜忠恕畫山水屋木一幅。忠恕，字恕先，以字行，洛陽人。少善屬文，及史書小學，通九經。七歲舉童子，漢湘陰公辟從事。與記室董裔爭事謝去。周祖召爲周易博士。國初與監察御史符昭文爭忿朝堂，貶乾州司戶。秩滿，遂不仕，放曠岐雍陝洛間，逢人無貴賤，口稱猫。遇佳山水，輒留旬日，或絕粒不食。盛夏暴日中無汗，大寒鑿冰而浴

陳眉公評
高

尤善画。妙於山水屋木。有求者。必怒而去。意欲画。即自爲之。郜從義鎮岐下。延止山亭。設絹素粉墨於坐。經數月。忽乘醉就圖之一角。作遠山數峰而已。郜氏亦寶之。岐有富人子喜画。日給醇酒待之甚厚。久乃以情言。且致匹素。恕先爲画小童持線車。放風鳶。引線數丈滿之。富家子大怒。遂絶。時與役夫小民入市肆飲食。曰。吾所與遊。皆子類也。太宗聞其名。召赴闕。館於內侍省押班竇神興舍。恕

結語趣

先長鬚而美忽盡去之神與驚問其故曰聊以效顰神與大怒除國子監主簿出館於太學益縱酒肆言時政頗有謗讟語聞决杖配流登州至齊州臨清謂部送吏曰我逝矣因掊地爲定度可容面俯窺焉而卒槀葬道左後數月故人欲改葬但衣衾存焉蓋屍解也贊曰

長松攙天蒼壁插水憑欄飛觀縹緲誰子空蒙寂歷煙雨滅沒恕先在焉呼之或出

用成語不雕不琢

柳毅見涇川婦牧羊問為何物曰雨工芒屩卜式事而鹽湯乃晉事二合用之

、顧愷之畫黃初平牧羊圖贊

先生養生如牧羊放之無何有之鄉止者自止行者行先生超然坐其旁挾策讀書羊不亡化而爲石起復僵流涎磨牙笑虎狠先生指呼羊服箱號稱雨工行四方莫隨上林芒屩郎齅門舐地尋鹽湯

袁石公評用歌行體

三十之笑不須更着一語却推到小童猿鹿輩皆含笑意便自解脱

、三笑圖贊

彼三士者。得意忘言。盧胡一笑。其樂也天。嗟此小童。麋鹿狙猨。爾各何知。亦復粲然。萬生紛綸。何鄙何妍。各笑其笑。未知孰賢。

歐陽永叔書室圖三笑於壁想見石恪所作坡公所贊不知爲誰然與此無異

以字證禪與若達篇同而理更造微且於人情痛癢更真

小篆般若心經贊

草隸用世今千載，少而習之手所安。如舌於言無揀擇，終日應對惟所問。忽然使作大小篆，如正行走值墻壁。縱復學之能粗通，操筆欲下仰尋索。譬如鸚鵡學人語，所習則能否則默。心存形聲與點畫，何暇復求字外意。世人初不離世間，而欲學出世間法。舉足動念皆塵垢，而以俄頃作禪律。禪律若可以作得，所不作處安得禪。善哉李子小篆字

六篆聖

其間無篆亦無隸心忘其手手忘筆筆自落紙非
我使正使怨怨不少暇倏忽千百初無難稽首般
若多心經請觀何處非般若

自然成文

叙功處直捷

、李西平畫贊 即李光弼

以吾觀西平王提孤軍自北方赴行在走懷光斬朱泚如反掌及其後帥鳳翔與隴右敵河湟兵益振謀既臧終不能取尋常堕賊計困平凉卒罷兵赴三將誰之咎在廟堂斬馬劒誅延賞爲葅醢不足償覽遺像涕泗滂

豪宕可喜

辯才大師眞贊

余頃年嘗聞妙法於辯才老師。今見其画像，乃以所聞者贊之。即之浮雲無窮，去之明月皆同。欲知明月所在，在汝唾霧之中。

以贊翔黃白，以曹叙，叙勝此，不事援引，即以所聞爲贊。坡公我用我法

不須玄霧明月自覩

前讀後忘言之意妙在愛之

、李伯時所画沐猴馬贊

吾觀沐猴以馬爲戲至使此馬竊銜詭轡沐猴宜馬貞虚言爾

南渡以前猶重李公麟伯時伯時牛馬斟酌韓戴似於董李所未及也

蘇長公小品卷三

銘

桄榔庵銘并序

澹軒銘

夕庵銘

惠州官葬暴骨銘并序

文勛篆銘

評史

武王

顔蠋巧於安貧

雜著

補龍山文

問養生

日喻

送于伋失官東歸

酒經

藥誦

怪石供

後怪石供

題跋

書東皐子傳後

書栁子厚中賦後

書六一居士傳後

書黄魯直李氏傳後

書孟德傳後

書李伯時山莊圖後

書蒲永昇畫後

妙於用處試檢通篇惟冊論及寒瘦差有其實餘皆假設之言

蘇長公小品卷三

古揚王聖俞評選

陸道士墓誌銘

道士陸惟忠，字子厚，眉山人。家世爲黃冠師。子厚獨猶潔精苦，不容於其徒，去之遠游。始見余黃州，出所作詩，論內外丹指畧，葢自以爲決不死者。然予嘗告之曰：子神清而骨寒，其清可以仙，其寒亦足以死。其後十五年，復來見余惠州，則得瘦疾，骨見衣表然詩益工論內丹外丹益精曰吾眞坐寒而死矣每從事於養生輒有以敗之類物有害吾生者余曰然子若死必復爲道士以究此志余時適得美石如黑玉曰當以是志子墓子厚笑曰幸甚久之子厚去余之河源開元觀客於縣令馮祖仁而余亦謫海南是歲五月十九日竟以疾卒年五十祖仁葬之觀後葢紹聖四年也銘曰

嗚呼多藝此黃冠詩棊醫卜內外丹無求於世宜

堅完龜飢鶴瘦終難安哀哉六巧坐一寒祝子復來少宏寬毋復清詩助痟酸龍虎尤成無或奸徃駕赤螭驂青鸞。

坡公于天下未嘗銘墓獨銘五人而陸道士以冊學澤邀公銘榮施多矣

故須紀異却復多姿起語傻自楚楚

鼠態曲盡

却鼠刀銘

野人有刀不愛遺余長不滿尺劒鋏之餘文如連環上下相繆錯之則見或漫如無昔所從得戒以自隨畜之無害暴黠是除有穴於垣侵堂及室跳牀撼幕終夕窣窣叱訶不去啖嚙棗栗撇盃舐盆去不遺粒不擇道路仰行躡壁家爲兩門窘則旁出輕趫捷猾忽不可執吾不入門是去無跡又有甚者聚爲怪妖晝出羣鬭相視睢盱舞於端門與

調致都佳

主雜居。猫見不噬。又乳於家。狃於永氏。謂世皆然。亟磨吾刀槃水致前。炊未及熟。肅然無蹤。物豈有是。以爲不誠。試之彌旬。爲凛以驚。夫猫鷙禽。晝巡夜伺。拳腰弭耳。目不及顧。鬚搖於穴。走赴如霧。碎首屠腸。終不能去。是獨何爲。宛然尺刀。匣而不用。無有爪牙。彼鼠爲畏。相率以逃。嗚呼嗟夫。吾苟有之。不言而諭。是亦何勞。

跌 法 好

東坡幼年作此銘曾祖稱之命佳楷手寫裝諭釘於所居壁上

淺駕立意多用此法然乃所謂鑿空而易奇矣

九成臺銘

韶陽太守狄咸新作九成臺玉局散吏蘇軾爲之銘曰

自秦并天下滅禮樂韶之不作蓋千三百一十有（他人只云千餘年）三年其器存其人亡則韶既已隱矣而況於人器兩亡而不傳雖然韶則亡矣而有不亡者存蓋常與日月寒暑晦明風雨並行於天地之間世無南郭子綦則耳未嘗聞地籟也而況得聞其天使耳

不圖韶之至於斯也

聞天籟則凡有形有聲者皆吾羽旄干戚管磬匏絃嘗試與子登夫韶石之上舜峰之下望蒼梧之眇莽九疑之聯緜覽觀江山之吐吞草木之俯仰鳥獸之鳴號衆竅之呼吸往來唱和非有度數而均節自成者非韶之大全乎上方立極以安天下人和而氣應氣應而樂作則夫所謂簫韶九成來鳳鳥而舞百獸者旣已粲然畢陳於前矣建中靖國元年正月一日

附攷
慶曆七年丁亥十有二作

天研立名甚奇

若取全於形手則仰唇俯足世固多有其柰非佳研

、天石研銘

軾年十二時於所居紗縠行宅隙地中與羣兒鑿地爲戲得異石如魚膚溫瑩作淺碧色表裏皆細銀星扣之鏗然試以爲研甚發墨無貯水處先君曰是天研也有研之德而不足於形耳因以賜軾曰是文字之祥也軾寶而用之且爲銘曰

一受其成而不可更或全於德或全於形均此二者顧予安取仰唇俯足世固多有

齊物論

何哉意趣含蓄如此

拳拳之思

元豐二年秋。余得罪下獄。家屬流離。書籍散亂。明年至黃州。求硯不復得。以爲失之矣。七年七月。舟行至當塗。發舊書笥。忽復見之。喜甚。以付迨、過。其匣雖不工。乃先君手刻其受硯處。而使工人就成之者。不可易也。

洮河石綠如藍深如玉發墨不減端溪然在河底得之為甚優寶

黄魯直所惠洮河石硯銘

洮之礪。發金鐵。琢而泓。堅密澤。郡洮岷。至中國。棄矛劍。參筆墨。歲丙寅。斗東北。歸余者。黄魯直。

咄咄

揚一本作暘

鼎硯銘

鼎無耳槃有趾鑑幽無見几不倚揚蟲隕羿喪厥喙羽淵之化帝祝尾不周債裂東南圮黙然無深維水委誰乎爲此昔未始戲名其臀加幻詭

銘古麗故須奇古

桄榔麪樹大者一樹出麪百斛

摘葉二字奇

、桄榔庵銘

東坡居士謫於儋耳無地可居偃息於桄榔林中摘葉書銘以記其處

九山一區帝爲方輿神尻以遊孰非吾居百柱贔屭萬瓦披敷上棟下宇不煩兵夫海氛瘴霧吞吐吸呼蝮蛇魑魅出怒入娛習苦堂奧雜處帝奴東坡居士强安四隅以動寓止以實託虛放此四大還於一如東坡非名岷峨非廬鬚髮不改示現毗

盧無作無止無欠無餘生謂之宅死謂之墟三十六年吾其捨此跨汗漫而遊鴻濛之都乎

謫官乃至無屋住尚以文章自娛覽此可以曠懷

老子云正言若反此足盡禪理

、澹軒銘

以船撐船船不行以鼓打鼓鼓不鳴子欲察味而辨色何不坐於澹軒之上出澹語以問澹叟則味自味而色自形吾然後知澹叟之不澹蓋將盡口眼之變而起無窮之爭其自謂叢林之一害豈虛名也哉

數澹字有味

夕字立名甚奇

、夕庵銘

與晝皆作。霧散毛脈。夜氣既歸。肝膽是宅。我名夕庵。維以照寂。八萬四千。忽然如一。

內觀之學

上四語禅玄下四語惻然仁人也語又柔澹可愛

惠州官葬暴骨銘

有宋紹聖二年。官葬暴骨於是。是豈無主。仁人君子。斯其主矣。東坡居士。銘其藏曰。人耶天耶。隨念而徂。有未能然。宅此枯顱。後有君子。無廢此心。陵谷變壞。復棺衾之。

時詹守議葬暴骨先生銘之故其詩又有江干白骨已衈恩之句

寓以自解

文勛篆銘

世人篆字隸體不除如浙人語終老帶吳安國用筆意在隸前汲冢魯壁周鼓泰山

安國蕭工畫坡謂其略不抒思

茅鹿門評通篇將無作有轉轆不窮多從戰國口辨中來子瞻論武王雖非萬世公論而其原孔子之所與以見其所欲罪援書之所及以見其所不及又以春秋所書趙盾者以案武王亦成一家縱橫

武王

武王克殷以殷遺民封紂子武庚祿父使其弟管叔鮮蔡叔度相祿父治殷武王崩祿父與管蔡作亂成王命周公誅之而立微子於宋蘇子曰武王（次○騰）非聖人也（直○闢○破）昔孔子蓋罪湯武顧自以爲殷之子孫而周人也故不敢然數致意焉曰大哉巍巍乎堯舜也禹吾無閒然其不足於湯武也亦明矣（虛詆）曰武盡美矣未盡善也又曰三分天下有其二以服事

之言錢文登許文有筆力前面虛引作記後面実入武庚俱繫在心國手特其淺非武王過予文君於義理未當

殷周之德其可謂至德也已矣伯夷叔齊之於武王也蓋謂之弑君至耻之不食其粟而孔子予之其罪武王也甚矣（虛話）此孔氏之家法也世之君子苟自孔氏必守此法國之存亡民之死生將於是乎在其孰敢不嚴而孟軻始亂之曰吾聞武王誅獨夫紂未聞弑君也自是學者以湯武爲聖人之正若當然者皆孔氏之罪人也使當時有良史如董狐者南巢之事必以叛書牧野之事必以弑書而

此一轉從趙盾弒君來

茅鹿門許：文王之王由武王定天下後追稱之，何嘗行天子事，即伐崇勘黎皆奉商王西伯之命而專征耳

湯武仁人也（說中語脫）必將爲法受惡周公作無逸曰殷王中宗及高宗及祖甲及我周文王茲四人迪哲上不及湯下不及武王亦以是哉文王之時諸侯不求而自至是以受命稱王行天子之事周之王不王不計紂之存亡也使文王在必不伐紂紂不見伐而以考終或死於亂（此一段處分未明）殷人立君以事周命爲二王後以祀殷君臣之道豈不兩全也哉武王觀兵於孟津而歸紂若改過否則殷改立君武王之待

蘇長公小品　卷三　十

文若佐操挽是挾天子以令諸侯何得稱王者之事操之簒漢固其始事本謀何得直遡之以謀九錫

殷亦若是而已矣天下無王有聖人者出而天下歸之聖人之所以不得辭也而以兵取之而放之而殺之可乎漢末大亂豪傑並起荀文若聖人之徒也以爲非曹操莫與定海内故起而佐之所以與操謀者皆王者之事也文若豈教操反者哉以仁義救天下天下既平神器自至將不得已而受之不至不取也此文王之道文若之心也及操謀九錫則文若死之故吾嘗以文若爲聖人之徒者

唐荊川評
截然兩段接得無一些痕迹

以其才似張子房。而道似伯夷也。殺其父封其子。其子非人也則可。使其子而果人也。則必死之。楚人將殺令尹子南。子南之子棄疾。爲王馭士。王泣而告之。既殺子南。其徒曰。行乎。曰。吾與殺吾父。將行焉入。然則臣王乎。曰。棄父事讐。吾弗忍也。遂縊而死。武王親以黃鉞誅紂。使武庚受封而不叛。豈復人也哉。故武庚之必叛。不待智者而後知也。武王之封。蓋亦有不得已焉耳。殷有天下六百年。賢

陳石公評：此固近之矣，微子之封宋又謂何？

聖之君六七作。紂雖無道。其故家遺民。未盡滅也。三分天下有其二。殷不伐周而周伐之。誅其君。夷其社稷。諸侯必有不悅者。故封武庚以慰之。此豈武之意哉。故曰武王非聖人也。

（旁批：劊子手；隨結）

陶石簣評：折倒一大聖大賢，譚何容易，全賴周孔作証據。篇法自黃州度傳來。

顏蠋巧於安貧

顏蠋與齊王遊，食必大牢，出必乘車，妻子衣服麗都。蠋辭去，曰：玉生於山，制則破焉，非不寶貴也，然而璞不完；士生於鄙野，推選則祿焉，非不尊遂也，然而形神不全。蠋願得歸，晚食以當肉，安步以當車，無罪以當貴，清淨貞正以自娛。嗟乎，戰國之士，未有如魯連、顏蠋之賢者也，然而未聞道也。晚食以當肉，安步以當車，是猶有意於肉於車也。晚食

遺魯連不淨
伴說有態

自美安步自適取其美與適足矣何以當肉與車爲哉雖然蠋可謂巧於居貧者也未飢而食雖八珎猶草木也使草木如八珎惟晩食爲然蠋固巧矣然非我之久於貧不能知蠋之巧也

袁石公評：總是馬遷酒極則亂句

淳于髡一石亦醉

淳于髡言一斗既醉，一石亦醉。至於州閭之會，男女雜坐，幾於勸矣，而何諷之有？以吾觀之，蓋有微意。以多少之無常，知飲酒之非我，觀變識妄，而平生之嗜，亦少衰矣。是以託於放蕩之言，而能已荒主長夜之飲，未有識其趣者。元祐六年六月十三日，偶讀史記，書此。

事皆逼肖而
意趣有别

、劉凝之沈士麟

梁史劉凝之爲人認所著履卽與之此人後得所失履送還不肯復取又沈士麟亦爲鄰人認所著履士麟笑曰是卿履耶卽與之鄰人得所失履送還士麟曰非卿履耶笑而受之此雖小事然處事當如士麟不當如凝之也

後世事君者不復有此一副心腸誠然可歎其文章斷奏特纏綿委曲無限情致

附考
漢書無龠字
爭漢書作守

、趙充國用心可重

始予觀充國策先零匈奴情僞。曰。何其明也。又觀遣雕車行羌中告諭。阻辛武賢先攻罕开。守便宜不出師。畫屯田十二利。專務以恩信。積穀招降。以謂此從容以義用兵。與夫逞詐積諼。疲人於一戰者絕殊。最末。觀其語將校曰。諸君皆便文自營爾。非爲公家忠計也。語郎中曰。是何言之不忠也。吾固以死爭之。語浩星賜曰。吾老矣。豈嫌伐一時事。

黄震評
明主可與忠
言老臣厲語
凜然古大臣
風烈

宛如世情

以欺明主哉。老臣不以餘命爲陛下言之。卒死。誰當復言之。卒以其意白上云。嗚呼。使有位君子。皆用其心如充國。則古今天下。豈有不治者哉。嘗觀於內公卿士大夫之議曰。法當然。柰何。觀於外將校之議曰。詔如是。不當違詔也。凡在我一入一出。未有止障也。脫有能言。一事其言不用。則矜語於人曰。某事吾嘗言之。上不我用也。我則無負。終不更犯顏色往復論也。況於以死守而不欺。豈復有

反覆感嘆有味

又一感嘆

哉而以餘命受祿位者併肩立也豈特才不及充國忠又不如可歎也夫充國之用心人臣常道爾然與充國同時在漢廷人未聞皆然而充國獨然故可重也噫今之人不及往時遠矣則充國益可重也予旣觀充國而感今之人又觀宣帝與之上下議而格排羣疑用之遂無勞兵下羌寇不知其能功名亦遇主然也噫宣帝充國可重也況三代君臣閒哉下其肯有欺上上其容有閒然乎而觀

楊子雲贊不及此。區區論功爾。功。古今豈無大者哉。不若原其心以勵事君也。班固又不出語。山東氣俗。故著云爾。

漢名將稱衛霍然以深進遠討為功獨充國深識世安一為宣帝言使天子知養威持重其用心之忠故以特揭之為後世人臣法

余平生最愛這一段慷慨風流因欲廣蒐此類著一書名英雄覽有志未就也東坡亦同此心故録出之耳不同立論也

、周瑜雅量

曹公聞周瑜年少。有美才。謂可游説動也。乃密下揚州。遣九江蔣幹往見瑜。幹有儀容。以才辯見稱。獨步江淮之間。乃布衣葛巾。自托私行。詣瑜。瑜出迎之。立謂幹曰。子翼良苦。遠涉江湖。爲曹公作説客耶。幹曰。吾與足下州里。中間隔别。遥聞芳烈。故來叙濶。并觀雅規。而云説客。無乃逆詐矣乎。瑜曰。吾雖不及夔曠。聞絃賞音。足知雅曲。後三日。瑜請

折倒

幹同歡營中。行視倉庫軍資器仗訖。還飲燕。示之侍者服飾珍玩之物。因謂幹曰。丈夫處世。遇知己之主。外託君臣之義。內結骨肉之恩。言行計從。禍福共之。假使蘇張更生。酈叟復出。猶將撫其背而折其辭。豈足下小生所能移乎。幹笑而不言。還稱周瑜雅量高致。非言辭所間。中州之士。以此多之。

蘇子曰。曹孟德所用。皆爲人役者也。以子房待文若。然終不免殺之。豈能用公瑾之流。度外之士哉。

亦是愛而録之非務勝之

遠寄

阮籍

世之所謂君子者。惟法是脩。惟禮是克。手執圭璧。足履繩墨。行欲爲目前檢。言欲爲無窮則。少稱鄉黨。長聞鄰國。上欲圖三公。下不失九州牧。獨不見夫羣虱之處褌中乎。逃乎深縫。匿乎敗絮。自以爲吉宅也。行不敢離縫際。動不敢出褌襠。自以爲得繩墨也。然炎丘火流。焦邑滅都。羣虱處於褌中。不能出也。君子之處域內。何異夫虱之處褌中乎。此

此上俱阮語

阮籍之胸懷本趣也。籍未嘗臧否人物，口不及世事。然禮法之士疾之如仇讐，獨賴司馬景王保持之爾。其去死無幾，以此論之，亦虱之出入往來於衣褌中間者也，安能笑褌中之藏乎。吾故書之爲將來君子一笑。戊寅冬至日

世之學佛者皆務深求之千蹊萬徑轉益迷悶東坡乃更淺求之淺求之以出其真味而後精溪者看所依而立或問聖人之道何在余曰在為善善在何處予曰在孝弟六猶是也

袁宏論佛說

袁宏漢紀曰浮屠佛也西域天竺國有佛道焉佛者漢言覺也將以覺悟羣生也其教也以脩善慈心爲主不殺生專務清淨其精者爲沙門沙門漢言息也蓋息意者欲歸於無爲又以爲人死精神不滅隨復受形生時善惡皆有報應故貴行脩善道以煉精神以至無生而得爲佛也東坡居士曰此殆中國始知有佛時語也雖淺近大畧具足矣

妙喻

野人得鹿。正爾煑食之耳。其後賣與市人。遂入公庖中。饌之百方。然鹿之所以美。未有絲毫加於煑食時也。

須予自號後天翁其趣緣此

省捷

文過語亦欲

、王景文

宋明帝詔答王景文其略曰有心於避禍不若無心於任運千仞之木既摧於斧斤一寸之草亦悴於踐蹋晉將畢萬七戰皆獲死於牖下蜀將費禕從容坐談斃於刺客故甘心於履危未必逢禍從意於處安未必全福此言近於達者然明帝竟殺景文哀哉哀哉景文之死也詔言朕不謂卿有罪然吾不能獨死請子先之詔至景文正與客棊竟

歛子納奩中徐謂客曰有詔見賜以死酒至未歛門生焦度在側傾酒抵地曰丈夫安能坐受死州中文武可以一奮景文曰知卿至心若見念者爲我百口計乃謂客曰此酒不可相勸乃仰飲之蘇子曰死生亦大矣而景文安之豈貪權竊國者乎明帝可謂不知人者矣

明帝忮主也而詔語大是造理之言故東坡録之

劉越石評
滑稽于文者

蕭然有致

附考
平公飲酒箏

補龍山文

丙子重九。客有言桓温龍山之會。風吹孟嘉帽落。温遣孫盛嘲之。嘉作解嘲。文辭超卓。四坐歎服。恨今世不見此文。予乃戲爲補之曰。

征西天府。重九令節。駕言龍山。燕凱羣哲。壺歌雅奏。緩帶輕帢。胡爲中觴。一笑粲發。楩楠競秀。榆柳獨脱。驥騄交騖。駑蹇先蹶。楚狂醉亂。隕帽莫覺。戎服囚首。枯顱茁髮。維明將軍。度量閎達。容此下士。

夫杜蕢為過酌之公曰寡人亦有過爾飲寡人蕢洗而揚觶

莊子云醉者之墜車雖疾不死其神全也

顛倒冠幘字夫楊觶兒觥舉罰請歌相鼠以侑此爵。右嘲

吾聞君子蹈常履素晦明風雨不改其度平生丘壑散髮箕踞墜車天全顛沛何懼腰適忘帶足適忘屨不知有我帽復奚數流水莫繫浮雲暫寓飄然隨風非去非取我冠明月被服寶璐不纓而結不簪而附歌詩寧擇請歌相鼠罰此陋人俾出童羖。右解嘲

使人正襟斂手而讀之者左傳也使人手舞足蹈而讀之者莊子也東坡得莊子意

陶石簣評

安和兩字從老氏專氣致柔來

陳眉公評

未見透髓尚在道理之間非養生之至也

、問養生

余問養生於吳子。得二言焉。曰和。曰安。何謂和。曰。子不見天地之爲寒暑乎。寒暑之極。至於折膠流金而物不以爲病。其變者微也。寒暑之變。晝與日俱逝。夜與月並馳。俯仰之間屢變而人不知者。微之至和之極也。使此二極者。相尋而狎至。則人之死久矣。何謂安。曰。吾嘗自牢山浮海。達於淮。遇大風焉。舟中之人。如附於桔槔。而與之上下。如蹈車輪而行。反逆眩亂不可止。而吾飲食起居如他日。吾非有異術也。惟莫與之爭。而聽其所爲。故凡病我者。舉非物也。食中有蛆。人之見者必嘔也。其不見而食者。未嘗嘔也。請察其所從生。論八珍者必嚥。言糞穢者必唾。二者未嘗與我接也。唾與嚥何從生哉。果生於物乎。果生於我乎。知其生於我也。則雖與之接而不變。安之至也。安則物之感我者輕。和則我之應物者順。外輕內順而生理備矣。

子古之靜者也。其觀於物也審矣。是以私識其言。而時省觀焉。

茅鹿門評近有道者之言

妙道不可以告人而可以告人以其不可以告人者告人是真告人此篇引而不發可謂方便濟人者矣　陶石簣評

千古譚道者依附影響之習被坡公一口打破

妙絕自莊子悟來

日喻

生而眇者不識日問之有目者或告之曰日之狀如銅槃扣槃而得其聲他日聞鐘以爲日也或告之曰日之光如燭捫燭而得其形他日揣籥以爲日也日之與鐘籥亦遠矣而眇者不知其異以其未嘗見而求之人也道之難見也甚於日而人之未習也無以異於眇達者告之雖有巧譬善導亦無以過於槃與燭也自槃而之鐘自燭而之籥轉

相形

涵泳玩諳

痛快

精

粹撰俱活

而相之豈有旣乎故世之言道者或卽其所見而名之或莫之見而意之皆求道之過也然則道卒不可求歟蘇子曰道可致而不可求何謂致孫武曰善戰者致人不致於人孔子曰百工居肆以成其事君子學以致其道莫之求而自至斯以爲致也歟南方多沒人日與水居也七歲而能涉十歲而能浮十五而能沒矣夫沒者豈苟然哉必將有得於水之道者日與水居則十五而得其道生不

識水則雖壯見舟而畏之故北方之勇者問於没人而求其所以没以其言試之河未有不溺者也故凡不學而務求道皆北方之學没者也昔者以聲律取士士雜學而不志於道今者以經術取士士求道而不務學渤海吳君彦律有志於學者也方求舉於禮部作日喻以告之

錢文登評此作根極理致確有識見非漫然下筆者宋儒謂子瞻文章予學之憤激求奔之感慨而發以諧謔私此文不然

蕩漾

附考

齊騶忌謂妻我孰與徐公美妻曰君美甚後問其妾妾亦然忌曰妻之美我者私我也妾之美我者畏我也東坡之斡旋蓋本諸此

送于伋失官東歸

世俗之患患在悲樂不以其正非不以其正其所取以爲正者非也請借子以明其正子之失官有爲子悲如子之自悲者乎有如子之父兄妻子之爲子悲者乎子之所以悲者惑於得也父兄妻子之所以悲者惑於愛也惟不與於巳者則不惑亦不悲夫惑則悲不惑則不悲人宜以惑者爲正歟抑將以不惑者爲正歟以不惑者爲正則不悲者

若塡入道德仁義字便是俗業

又摳入世情

又一飜跌

正也。然子亦有所樂者。曰。吾之所以爲吾者。豈以是哉。雖失是其所以爲吾者猶存。則吾猶可樂焉巳而不樂。又從而悲之。則亦不忍夫天下之凡愛我者之悲而不釋夫天下之凡惡我者之喜也。夫愛我而悲。惡我而喜。是知我之粗也。樂其所以爲吾者存。是自知之深也。人不以自知之深爲正。而以知我之粗者爲正。是得爲正也歟。故吾願爲子言其正。子將終身樂而不怒。詩云。優哉游哉。聊以卒歲。

達者之言辯士之口讀罷可以起舞

内帳酒簿筆成美書太史尚矣此亦其支流也

附攷

歐陽公醉翁亭記与坡公酒經皆以也字為絶句歐陽二十一也字坡用十六也字歐記人人能讀至於酒經知之者無幾此經每一也

酒經

南方之氓。以糯與秔。雜以卉藥而為餅。嗅之香。嚼之辣。揣之枵然而輕。此餅之良者也。吾始取麪而起酛之。和之以薑液。蒸之使十裂。繩穿而風戾之。愈久而益悍。此麴之精者也。米五斗以為率。而五分之。為三斗者一。為五升者四。三斗者以釀。五升者以投。三投而止。尚有五升之贏也。始釀以四兩之餅。而每投以二兩之麴。皆澤以少水。取足以散

字必押韻暗寓賦体而讀之者不覺其激昂瀏䂓非世間筆墨所能形容

解而句停也釀者必舊挍而井泓之三日而井溢此吾酒之萌也酒之始萌也甚烈而微苦蓋三投而後平也凡餅裂而麴和投者必屢嘗而增損之以舌爲權衡也既溢之三日乃投九日三投通十有五日而後定也既定乃注以斗水凡水必熟而冷者也凡釀與投必寒之而後下此炎州之令也既水五日乃篘得二斗有半此吾酒之正也先篘半日取所謂贏者爲粥米一而水三之揉以餅麴

凡四兩。二物并也。投之糟中。熟潤而再釀之。五日壓。得斗有半。此吾酒之少勁者也。勁正合爲四斗。又五日而飲。則和而力。嚴而不猛也。蘭絶不旋踵而粥投之。少留則糟枯。中風而酒病也。釀久者。酒醇而豐。速者反是。故吾酒三十日而成也。

舊評此文如太牢八珍咀嚼不嫌于致力則真味愈雋永然未易爲俊快者言也

不避粗俗轉
更精研

殊有至理

藥論

嵇中散作幽憤詩。知不免矣。而卒章乃曰。采薇山阿。散髮巖岫。永嘯長吟。頤性養壽者。悼此志之不遂也。司馬景王既殺中散而悔。使悔於未殺之前。中散得免於死者。吾知其掃迹滅景於人間。如脫兔之投林也。采薇散髮。豈其所難哉。孫真人著大風惡疾論曰。神仙傳有數十人。皆因惡疾而得仙道。何者。割棄塵累。懷穎陽之風。所以因禍而取福也吾始得罪遷嶺表不自意全既逾年無後命知不死矣然舊苦痔至是大作呻呼幾百日道無醫藥有亦不效道士教吾去滋味絕薰血以清淨勝之痔有虫館於吾後滋味薰血既以自養亦以養虫自今日以往旦夕食淡麪四兩猶復念食則以胡麻茯苓麨足之飲食之外不啖一物主人枯槁則客自棄去尚恐習性易流故取中散眞人之言對病爲藥使人誦之日三曰東坡居士汝忘逾年

所謂六後不須得食

之憂百日之苦乎使汝不幸而有中散之禍伯牛之疾雖欲采薇散髮豈可得哉今食麻麥茯苓多矣居士則歌以答之曰事無事之事百事治兮味無味之味五味備兮茯苓麻麥有時而匱兮有則食無則已者與我無既兮嗚呼噫嘻館客不終以是爲愧兮

茅鹿門評多曠達之旨[illegible]從南海得之

議論勝自是宋文而指趣則清雅

生議論

事不同而理同凡悟後引

怪石供

禹貢青州有鈆松怪石解者曰怪石石似玉者今齊安江上往往得美石與玉無辨多紅黄白色其文如人指上螺精明可愛雖巧者以意繪畫有不能及豈古所謂怪石者耶凡物之醜好生於相形吾未知其果安在也使世間石皆若此則今之凡石復爲怪矣海外有形語之國口不能言而相喻以形其以形語也捷於口使吾爲之不已難乎故

詭皆如此

此篇玲雋妙絕

夫天機之動忽焉而成而人真以爲巧也雖然自禹以來怪之矣齊安小兒浴於江時有得之者戲以餅餌易之既久得二百九十有八枚大者兼寸小者如棗栗菱芡其一如虎豹首有口鼻眼處以爲羣石之長又得古銅盆一枚以盛石挹水注之粲然而廬山歸宗佛印禪師適有使至遂以爲供禪師嘗以道眼觀一切世間混淪空洞了無一物雖夜光尺璧與瓦礫等而況此石雖然願受此供

陡接

灌以墨池水。強爲一笑。使自今以往。山僧野人。欲供禪師。而力不能辦衣服飲食卧具者。皆得以淨水注石爲供。蓋自蘇子瞻始。時元豐五年五月。黄州東坡雪堂書。

陶石簣評戲笈說法怪石亦應點頭

因供叅寥故再作此文卻借佛印刻石起本又假設叅寥之言引入純用靈機須是覷破

妙喩

後怪石供

蘇子既以怪石供佛印。佛印以其言刻諸石。蘇子聞而笑曰。是安所從來哉。予以餅易諸小兒者也。以可食易無用。予既足笑矣。彼又從而刻之。今以餅供佛印。佛印必不刻也。石與餅何異。叅寥子曰。然。供者幻也。受者亦幻也。刻其言者。亦幻也。夫幻何適而不可。舉手而示蘇子曰。拱此而揖人。人莫不喜。戟此而詈人。人莫不怒。同是手也。而喜怒異。

世未有非之者也子誠知拱戟之皆幻則喜雖存而根亡刻與不刻無不可者蘇子大笑曰予欲之耶乃亦以供之凡二百五十并二石槃云

袁石公評供幻受亦幻刻亦幻文亦幻

東坡若曰己不能飲而喜人飲酒則與東皋子意趣未睽也以此寄尚友之意　茅鹿門評
曠達之旨　陶石簣許
快論

書東皋子傳後

予飲酒終日不過五合天下之不能飲無在予下者然喜人飲酒見客舉杯徐引則予胸中爲之浩浩焉落落焉酣適之味乃過於客閑居未嘗一日無客客至未嘗不置酒天下之好飲亦無在予上者常以爲人之至樂莫若身無病而心無憂我則無是二者矣然人之有是者接於予前則予安得全其樂乎故所至常蓄善藥有求者卽與之而尤

興酣處在

浩浩落落四字

附考
王績字無功龍門人自號東皐子性簡傲飲酒至數斗不醉常恨不逢劉伶與閉戶轟飲因著醉鄉記及五斗先生傳撰酒德頌云

喜釀酒以飲客或曰子無病而多蓄藥不飲而多釀酒勞已以爲人何也予笑曰病者得藥吾爲之體輕飲者困於酒吾爲之酣適豈專以自爲也東皐子待詔門下省日給酒三升其弟靜問曰待詔樂乎曰待詔何所樂但美醖三升殊可戀耳今嶺南法不禁酒予既得自釀月用米一斛得酒六斗而南雄廣惠循梅五太守間復以酒遺予略計其所獲殆過於東皐子矣然東皐子自謂五斗先生

上文似柳東皐太過得此方涵涵有味

則日給三升，救口不暇，安能及客乎？若余者，乃日有二升五合，入野人道士腹中矣。東皐子與仲長子光游，好養性服食，豫刻死日，自爲墓誌，子蓋友其人於千載，或庶幾焉。

劉越石許是真得趣于酒者，謂爲坡仙可，謂爲酒僊亦可

今海石桐三縣之俗凡人患病即向庵廟中祈禱或向巫家問卜彼即判用四牲請之乃否者小之費甚至費用一二千錢以請其請而不愈又向別處再請祈問錢財耗盡而終無悔意不幸而死則曰病固不救幸而不死則曰此禱之功也請之勤也而醫不與焉嗚呼天地生物之心人與物同也人物求生之理人與物亦同也今俗我殺求生而殺物以祈神之其旨依我乎多見其愚而已矣

皓字大佳

恐係寫淂由晝

書柳子厚牛賦後

嶺外俗皆恬殺牛，而海南爲甚。客自高化載牛渡海，百尾一舟，遇風不順，渴飢相倚以死者無數。牛登舟皆哀鳴出涕。既至海南，耕者與屠者常相半。病不飲藥，但殺牛以禱，富者至殺十數牛。死者不復云，幸而不死，即歸德於巫。以巫爲醫，以牛爲藥。間有飲藥者，巫輒云神怒，病不可復治。親戚皆爲却藥禁醫，不得入門，人牛皆死而後已。地產沉水

可謂充類至義之盡

悽惋痛迫

香。香必以牛易之黎。黎人得牛。皆以祭鬼無脫者。中國人以沉水香供佛燎帝求福此皆燒牛肉也。何福之能得。哀哉。予莫能救。故書柳子厚牛賦。以遺瓊州僧道贇。使以曉喻其鄉人之有知者。庶幾其少衰乎。庚辰三月十五日記。

慘不忍讀

東坡文字妙在鼓舞得一玄論必鼓之舞之以盡変免起鶻落自有餘態

陶石簣評一向一折釋老之旨莊騷之舌

寸山尺沼居然有五岳矣乃大海洄激之勢

陳眉公評善爲居士出

書六一居士傳後

蘇子曰居士可謂有道者也或曰居士非有道者也有道者無所挾而安居士之於五物捐世俗之所爭而拾其所棄者也烏得爲有道乎蘇子曰不然挾五物而後安者惑也釋五物而後安者又惑也且物未始能累人也軒裳圭組且不能爲累而況此五物乎物之所以能累人者以吾有之也吾與物俱不得已而受形於天地之間其孰能有之

脱

附考

歐陽公將老自號六一居士或問之曰有書萬卷有金石遺千卷琴一張酒一壺棋一局以我一翁老此五物間豈不名六一耶

而或者以爲巳有得之則喜喪之則悲今居士自謂六一是其身均與五物爲一也不知其有物耶物有之也居士與物均爲不能者其孰能置得喪於其間故曰居士可謂有道者也雖然自一觀五居士猶可見也與五爲六居士不可見也居士殆將隱矣

茅鹿門評本篇生齊物我見解而篇末尤滑稽可愛

道中不涉諸趣由趣乃以入道此為中人以下方便說法在上乘則不須也

精語

更進

、書黄魯直李氏傳後

無所厭離何從出世無所欣慕何從入道欣慕之至亡子見父厭離之極燖雞出湯不極不至心地不淨如飯中沙與飯皆熟若不含糊與飯俱嚥即須吐出與沙俱棄善哉佛子作清淨飯淘米去沙終不能盡不如即用本所自種元無沙米此米無沙亦不受沙非不受也無受處故

陶石簣評說法從蓮華喻品来

却有至理下面實有其事作記必先立兩方見步驟

書孟德傳後

子由書孟德事見寄余既聞而異之以爲虎畏不懼己者其理似可信然世未有見虎而不懼者則斯言之有無終無所試之然曩余聞忠萬雲安多虎有婦人晝日置二小兒沙上而浣衣於水者虎自山上馳來婦人倉皇沉水避之二小兒戲沙上自若虎熟視久之至以首觝觸庶幾其一懼而兒癡竟不知怪虎亦卒去意虎之食人先被之以威

而不懼之人威無所從施歟有言虎不食醉人必坐守之以俟其醒俟其懼也有人夜自外歸見有物蹲其門以爲猪狗類也以杖擊之即逸去至山下月明處則虎也是人非有以勝虎而氣已蓋之矣使人之不懼皆如嬰兒醉人與其未及知之時則虎畏之無足怪者故書其末以信子由之說

有道而不藝則物雖形於心不形於手如後世理學名公未必喜詩文

叅悟

此轉更精

、書李伯時山莊圖後

或曰龍眠居士作山莊圖使後來入山者信足而行自得道路如見所夢如悟前世見山中泉石草木不問而知其名遇山中漁樵隱逸不名而識其人此豈強記不忘者乎曰非也畫日者常疑餅非忘日也醉中不以鼻飲夢中不以趾捉天機之所合不強而自記也居士之在山也不留於一物故其神與萬物交其智與百工通雖然有道有藝有

道而不藝則物雖形於心不形於手吾嘗見居士作華嚴相皆以意造而與佛合佛菩薩言之居士画之若出一人况自画其所見者乎

御名贊評書画説法

東坡善畫故知畫[illegible]此言入底蘊

書蒲永昇畫後

古今畫水多作平遠細皺其善者不過能爲波頭起伏使人至以手捫之謂有窪隆以爲至妙矣然其品格特與印板水紙爭工拙於毫釐間耳唐廣明中處士孫位始出新意畫奔湍巨浪與山石曲折隨物賦形盡水之變號稱神逸其後蜀人黄筌孫知微皆得其筆法始知微欲於大慈寺壽寧院壁作湖灘水石四堵營度經歲終不肯下筆一日

以知微重永
昇

倉皇入寺索筆墨甚急奮袂如風須臾而成作輸
瀉跳蹙之勢洶洶欲崩屋也知微既死筆法中絕
五十餘年近歲成都人蒲永昇嗜酒放浪性與畫
會始作活水得二孫本意自黄居寀兄弟李懷袞
之流皆不及也王公富人或以勢力使之永昇輒
嬉笑捨去遇其欲画不論貴賤頃刻而成嘗與余
臨壽寧院水作二十四幅每夏日掛之高堂素壁
即陰風襲人毛髮爲立永昇今老矣画亦難得而

世之識眞者亦少。如往時董羽。近日常州戚氏画水。世或傳寶之。如董戚之流。可謂死水。未可與永昇同年而語也。元豐二年十二月十八日夜黄州臨皐亭西齋戲書。

鄧弘蘅許可以喻道

蘇長公小品卷四

題跋

金剛經跋尾
跋送石昌言引
跋南塘挑耳圖
跋趙雲子畫
書戴嵩畫牛
題雲安下巖
書淵明酬劉柴桑詩
書逸少竹葉帖

題羅浮

記遊定惠院

記承天夜遊

記遊松風亭

遊白水書付過

書贈曾元翰暖肚餅

書臨皐亭

家藏雷琴

書贈孫叔静

書畫壁易石

書墨

書呂行甫墨顛

書廷珪墨

書海南作墨

記安節飲

跋君謨書

記與舟師夜坐
記石塔長老荅問
記道人戲語
誦經帖
卓契順禪話
僧文葷食名
大還丹訣
求醫診脉

勃遜之論菊

張憨子

自評文

高麗

池魚踊起

劉聰吳中高士

記先夫人不殘鳥雀

外曾祖程公逸事

南華長老重辨師逸事

異人有無

批註圈點

蘇長公小品卷四

古揚王聖俞評選

辨法帖

辨書之難正如聽響切脈知其美惡則可自謂必能正名之者皆過也今官本十卷法帖中真偽相雜至多逸少部中有出宿餞行一帖乃張說文又有不具釋智永白者亦在逸少部中此最疎謬余甞於秘閣觀墨跡皆唐人硬黃上臨本惟鵞羣一

帖。似是獻之眞筆。後又於李瑋都尉家。見謝尚王衍等數人書。超然絶俗。考其印記。王涯家本。其他但得唐人臨本。皆可蓄。

陳眉公評世人但得臨摹本便獲至寶眞贋誰辨

東坡之於禪鑿取耳觀此篇執捉尋索伎倆盡露矣然正可資吾輩商量

、脩養帖寄子由

任性逍遥隨緣放曠但盡凡心別無勝解以我觀之凡心盡處勝解卓然但此勝解不屬有無不通言語故祖師教人到此便住如眼翳盡眼自有明醫師只有除翳藥何曾有求明藥明若可求即還是翳固不可於翳中求明即不可言翳外無明而世之昧者便將頹然無知認作佛地若如此是佛猶兒狗兒得飽熟睡腹搖鼻息與土木同當恁麼

娑羅樹語云不礫泥沙並存佛性此語可叅

時可謂無一毫思念豈謂猫狗已入佛地故凡學者觀妄除愛自粗及細念念不忘會作一日得無所住弟所教我者是如此否因見二偈警策孔君不覺聳然更以聞之書至此墻外有悍婦與夫相毆詈聲飛灰火如猪嘶狗嘷因念他一點圓明正在猪嘶狗嘷裏面譬如江河鑒物之性長在飛砂走石之中尋常靜中推求常患不見今日鬧裏忽捉得些子元豐六年三月二十五日

痛快

余少時處溫厚

書諸集改字

近世人輕以意改書鄙淺之人好惡多同故從而和之者衆遂使古書日就訛舛深可忿疾孔子曰吾猶及史之闕文也自余少時見前輩皆不敢改書故蜀本大字書皆善本莊子云用志不分乃疑於神此與易陰疑於陽禮使人疑汝於夫子同今四方本皆作凝陶潛詩採菊東籬下悠然見南山採菊之次偶然見山初不用意而境與意會故可

喜也今皆作望南山杜子美云白鷗沒浩蕩萬里誰能馴蓋滅沒於煙波間耳而宋敏求謂余曰鷗不解沒改作波二詩改此兩字覺一篇神氣索然也

余自少嘗服此戒昔卿子木有書不甚讐校嘗謂誤書思之更是一適

故是慧心人就字參禪

文章之妙自然應節亦復如是

書若逵所書經後

懷楚比丘示我若逵所書二經經爲幾品品爲幾偈偈爲幾句句爲幾字字爲幾畫其數無量而此字畫平等若一無有高下輕重大小云何能一以忘我故若不忘我一畫之中巳現二相而況多畫如海上沙是誰磋磨自然勻平無有麤細如空中雨是誰揮灑自然蕭散無有疎密咨爾楚逵若能一念了是法門于剎那頃轉八十藏無一忘失一

句一偈東坡居士說是法已復還其經

陶石簣録海沙室兩了達之語

文六然

跋王鞏所收藏真書

僧藏真書七紙。開封王君鞏所藏。君侍親平涼始得其二。而兩紙在張鄧公家。其後馮公當世。又獲其三。雖所從分異者不可考。然筆勢奕奕。七紙意相屬也。君鄧公外孫。而與當世相善。乃得而合之。余嘗愛梁武帝評書。善取物象。而此公尤能自譬。觀者不以爲過。信乎其書之工也。然其爲人儻蕩。本不求工。所以能工。此如沒人之操舟。無意於濟否。是以覆邦萬變。而舉止自若。其近於有道者耶。

人情蔽惑每每如此

昔李贊皇使人置金山泉

跋王氏華嚴經解

予過濟南龍山鎮，監稅宋寶國出王氏華嚴經解相示曰：公之於道，可謂至矣。予問寶國：華嚴有八十卷，今獨以解其一，何也？寶國曰：王氏謂我此佛語深妙，其餘皆菩薩語爾。予曰：予於藏經取佛語數句，置菩薩語中，復取菩薩語，置佛語中，子能識其是非乎？曰：不能也。非獨子不能，王氏亦不能。予昔在岐下，聞汧陽豬肉至美，遣人置之。使者醉，豬

其人舉棹忘之至石頭城方憶汲以獻李飲之曰此類似石城頭下水世固有辨之者恐佛語菩薩語亦然

夜逸置他猪以償吾不知也而與客皆大詫以爲非他產所及已而事敗客皆大慚今王氏之猪未敗爾昔者買肉娼女歌或因以悟若一念清淨墻壁瓦礫皆說無上法而云佛語深妙菩薩不及豈非夢中語乎寶國曰唯唯

譚君特冨兒佞佛者耳東坡爲反詞以藥之然亦諫直相半

又奇

金剛經跋尾

聞昔有人受持諸經攝心專玅常以手指作捉筆狀於虛空中寫諸經法是人去後此寫經處自然嚴淨雨不能濕凡見聞者孰不贊歎此希有事有一比丘獨拊掌言惜此藏經止有半藏乃知此法有一念在卽爲塵勞而况可以聲求色見今此長者談君文初以念親故示入諸相取黄金屑書金剛經以四句偈悟入本心灌流諸根六塵清淨方

此之時不見有經而況其字字不可見何者為金我觀談君孝慈忠信內行純備以是衆善莊嚴此經色相之外炳然煥發諸世間眼不具正見使此經法缺陷不全是故我說應如是見東坡居士說是法已復還其經

類壯

、跋送石昌言引

右嘉祐元年九月十九日先君送石昌言北使文一首其字則軾年二十一時所書與昌言本也今蓄於陳履常氏昌言名揚休善爲詩有名當時終於知制誥彭任字有道亦蜀人從富彦國使虜還得靈河縣主簿以死石守道嘗稱之曰有道長七尺而膽過其身一日坐酒肆與其徒飲且酣聞彦國當使不測之虜憤憤推酒床拳皮裂遂自請行

不掩其疵

蓋欲以死扞彦國者也。其爲人大略如此。然亦任俠好殺云。元祐三年。九月初一日題。

有雄入九軍
力量方可叅
禪
灑脫之至
令人發笑

跋南塘桃耳圖

王晉卿嘗暴得耳聾，意不能堪，求方於僕。僕答之云：君是將種，斷頭穴胸當無所惜，兩耳堪作底用？割捨不得，限三日疾去，不去，割取我耳。晉卿灑然而悟，三日病良已，以頌示僕云：老漊心急頻相勸，性難只得三日限。我耳已效君不割，且喜兩家總平善。今見定國所藏桃耳圖，云得之晉卿，聊識此。

跋趙雲子畫

趙雲子畫。筆略到而意已具。工者不能。然託於椎陋。以戲侮來者。此柳下惠之不恭。東方朔之玩世。滑稽之雄乎。或曰。雲子蓋度世者。蜀人謂狂雲。猶曰風雲耳。

即今諺云風

所貴當家

附考

黄筌畫飛鳥，頸足皆展。或曰：飛鳥縮頸則展足，縮足則展頸，無兩展者。驗之信然。此可類觀。

遺笑大方

書戴嵩畫牛

蜀中有杜處士，好書畫，所寶以百數。有戴嵩牛一軸，尤所愛，錦囊玉軸，常以自隨。一日曝書畫，有一牧童見之，拊掌大笑曰：此畫鬭牛也，牛鬭力在角，尾搐入兩股間，今乃掉尾而鬭，謬矣。處士笑而然之。古語有云：耕當問奴，織當問婢。不可改也。

藏畫者遺笑牧童，寶古者鑒之

況見好遊且嘆世途

。題雲安下岩

子瞻子由與侃師至此。院僧以路惡見止。不知僕之所歷。有百倍於此者矣。丁未正月二十日書。

僧以路惡見止似含諷意

感時賦事
附次
酬柴桑詩云
窮居寡人用
時忘四運周
櫚庭多落葉
慨然已知秋
新葵鬱北牖
嘉穟養南疇
今我不為樂
知有來歲不
命室攜童弱
良日登遠游

書淵明酬劉柴桑詩

自夏歷秋。毒熱七八日不解。炮灼理極。意謂不復有清涼時。今日忽淒風微雨。遂御袷衣。顧念茲歲。屈指可盡。陶彭澤云。今我不爲樂。知有來歲不。此言眞可爲惕然也。

東坡云淵明形神似我樂天心相似我觀此何如

送少書詎泝
更費一辭只
如此便見鄭
重之至

書逸少竹葉帖

王逸少竹葉帖。長安水丘氏傳寶之。今不知所在。三十年前。見其摹本於雷壽

題跋語大抵貴其簡𦂳

題蘭亭記

真本已入昭陵世徒見此而已然此本最善日月愈遠此本當復缺壞則後生所見愈微愈疎矣

袁石公評騭才藏真本貯之梁間鄭重極矣取殉昭陵可見尤物不留人間良可嘆息

文字造妙時可以廢巧尚直

題壽聖寺

蜀人蘇軾子瞻南遷。幼子過同遊壽聖寺。遇隱者石君汝礪器之話羅浮之勝。至暮乃去。

此等題清遠爲上意解次之王兎甫猶𡝩太解明

想頭玄

取字大妙

書醉翁操後

二水同器有不相入二琴同手有不相應今沈君信手彈琴而與泉合居士縱筆作詩而與琴會此必有眞同者矣本覺法眞禪師沈君之子也故書以寄之願師宴坐靜室自以爲琴而以學者爲琴工有能不謀而同三合無際者願師取之元祐七年四月二十四日

勘理

文至東坡真是不須作文只隨筆記録便是文

書天慶觀壁

東坡飲酒此室，進士許毅甫自五羊來，邂逅一杯而別。

假設狀真

、題鳳翔東院王畫壁

嘉祐癸卯上元夜，來觀王維摩詰筆。時夜已闌，殘燈耿然，畫僧踽踽欲動，恍然久之。

子美題画云：堂上不合生枫樹，怪底江山起烟霧。亦此意也。

口角儁異思路靈通

四、題王靄畫如來出山相

頭髮鬅鬙，耳卓朔，適從何處來，碧色眼有角，明星未出萬相閑，外道天魔猶奏樂，錯不錯，安得無上菩提成等正覺。

致有玄理

借此通故
嗣之另教

題萬松嶺惠明院壁

予去此十七年。復與彭城張聖途、丹陽陳輔之同來。院僧梵英葺治堂宇。比舊加嚴潔。茗飲芳烈。問此新茶耶。英曰。茶性新舊交。則香味復。予嘗見知琴者言。琴不百年。則桐之生意不盡。緩急清濁常與雨暘寒暑相應。此理與茶相近。故并記之。

可補入睡鄉記

附考

邊韶名孝先將卧弟子嘲之曰邊孝先腹便便懶讀書但欲眠韶應之曰邊爲姓孝爲名懶讀書志經笥。

、題李岩老

南岳李岩老好睡。衆人食飽下碁。岩老輒就枕閣數局。乃一展轉云。我始一局。君幾局矣。東坡曰。岩老常用四脚碁盤。只着一色黑子。昔與邊韶敵手。今被陳搏饒先着。時自有輸贏。着了並無一物。歐陽公詩云。夜涼吹笛千山月。路暗迷人百種花。碁罷不知人換世。酒闌無奈客思家。殆是類也。

言簡趣多曲折有法

題羅浮

紹聖元年九月二十七日東坡公遷於惠州艤舟泊頭鎮明晨肩輿十五里至羅浮山入延祥寶積寺禮天竺瑞像飲梁僧景泰禪師卓錫泉品其味出江水上遠甚東三里至長壽觀又東北三里至冲虛觀觀有葛稚川丹竈登朱仙者朝斗壇觀壇上所獲銅龍六魚一壇北有洞曰朱明蓁莽不可入水出洞中鏘鳴如琴筑水中皆菖蒲生石上道

有餘韻

士鄧守安。字道立。有道者也。訪之適出。坐遺履軒。望麻姑峰。方飲酒。進士許毅來遊。呼與飲。旣醉。還宿寶積中閣。夜大風燒壯甚有聲。晨粥已。還舟憩花光寺。從遊者幼子過。巡檢史珏。寶積長老齊德。延祥長老紹冲。冲虛道士陳熙明。山中可游而未暇者。明福宮。石樓。黃龍洞。期以明年三月復來。

袁石公評隨筆點染情境宛然正使極力點染者形穢

花木去取亦須待有識人也

記遊定惠院

黃州定惠院東小山上有海棠一株特繁茂每歲盛開必攜客置酒已五醉其下矣今年復與參寥師二三子訪焉則園已易主主雖市井人然以予故稍加培治山上多老枳木性瘦韌筋脈呈露如老人頂頸花白而圓如大珠纍纍香色皆不凡此木不爲人所喜稍稍伐去以予故亦得不伐既飲往憇於尚氏之第尚氏亦市井人也而居處脩潔

附考
東坡赴何秀才會食油果甚酥問名為何對以無名又問為甚酥坐客曰是可以為名矣

如吳越間人竹林花圃皆可喜醉臥小板閣上稍醒聞坐客崔成老彈雷氏琴作悲風曉月錚錚然意非人間也晚乃步出城東鬻大木盆意者謂可以注清泉瀹瓜李遂寅緣小溝入何氏韓氏竹園時何氏方作堂竹間既闢地矣遂置酒竹陰下有劉唐年主簿者餽油煎餌其名爲甚酥味極美客尚欲飲而予忽興盡乃徑歸道過何氏小圃乞其蘩橘移種雪堂之西坐客徐君得之將適閩中以

徑歸矣却得乞橘事點綴

餘款

結冷

後會亦可期。請予記之。爲異日樹掌。時參禁獨不飲。以棗湯代之。

委蛇寫盡樂趣

造化佳勝往往而是只為無閒身便至當面蹉過讀此可為恍然

記承天夜遊

元豐六年。十月十二日夜。解衣欲睡。月色入戶。欣然起行。念無與樂者。遂至承天寺。尋張懷民。亦未寢。相與步於中庭。庭下如積水空明。水中藻荇交橫。蓋竹柏影也。何夜無月。何處無竹。但少閑人如吾兩人耳。

江山風月本無常主閒者便是主人

予溪領此趣難以筆古讚也

、記遊松風亭

余嘗寓居惠州嘉祐寺。縱步松風亭下。足力疲乏。思欲就林止息。望亭宇尚在木末。意謂是如何得到。良久忽曰。此間有甚麼歇不得處。由是如挂鈎之魚。忽得解脱。若人悟此。雖兵陣相接。鼓聲如雷霆。進則死敵。退則死法。當恁麼時也不妨熟歇。

不用虛句纖足不模寫而景足如畫家蕭蕭數筆會意無窮此等在東坡集皆上乘也

語活

遊白水書付過

紹聖元年十月十二日與幼子過遊白水佛迹院浴於湯池熱甚其源殆可熟物循山而東少北有懸水百仞山八九折折處輒爲潭深者磓石五丈不得其所止雪濺雷怒可喜可畏水厓有巨人迹數十所謂佛迹也暮歸倒行觀山燒壯甚俛仰度數谷至江山月出擊汰中流掬弄珠璧到家二鼓復與過飲酒食餘甘煑菜顧影頹然不復甚寐書

以付過東坡翁

此內養訣借事作戲

書贈魯元翰暖肚餅

公昔遺予以暖肚餅，其直萬錢。我今報公，亦以暖肚餅，其價不可言。中空而無眼，故不漏；上直而無耳，故不懸。以活潑潑爲內，非湯非水；以赤歷歷爲外，非銅非鉛；以念念不忘爲項，不解不縛；以了了常知爲腹，不方不圓。到希領取，如不肯承當，却以見還。

味若有思而無所思一語對境灑然

、書臨皋亭

東坡居士酒醉飯飽倚於几上白雲左繚清江右迴重門洞開林巒坌入當是時若有思而無所思以受萬物之備慚愧慚愧

邈思寥廓意到筆隨人人有此此語被坡公拈出

余雖不解知是解琹語

附考

歐文忠記家藏三琹其一爲雷琴〻面亦有横文如蛇腹乃長公不載玉暉文忘不載八日合蓋雷琹有二製也

家藏雷琴

雷琴唐製有五名手雷霄雷盛雷珏雷文雷迅

余家有琴其面皆作蛇腹紋其上池銘云開元十年造雅州靈開材其下池銘云雷家記八日合不曉其八日合爲何等語也其嶽不容指而絃不敝此最琴之妙而雷琴獨然求其法不可得乃破其所藏雷琴求之琴聲出於兩池間其背微隆若薤葉然聲欲出而隘裴回不去乃有餘韻此最不傳之妙

習故諳語故言而中

、琴貴桐孫

凡木本寔而末虛。惟桐反之。試取小枝，削皆堅實，如蠟。而其本皆中虛空。故世所以貴孫枝者，貴其實也。實故絲中有木聲。

然則物之貴賤何常

書海苔紙

昔人以海苔爲紙。今無復有。今人以竹爲紙。亦古所無有也。付子過。

海苔紙今已無矣後何可得書以付子大有寶惜意

頹然

書諸葛筆

宣州諸葛氏筆，擅天下久矣。縱其間不甚佳者，終有家法。如北苑茶、內庫酒、教坊樂，雖敝精疲神，欲強學之，而草野氣終不可脫。

旨欽文忠惟用李晸筆，以諸葛爲不如意，而長公獨取之，何也。

學杜者所當知

書諸葛散卓筆

散卓筆。惟諸葛能之。他人學者。皆得其形似。而無其法。反不如常筆。如人學杜甫詩。得其粗俗而已。

黄山谷云東坡喜用宣城諸葛家筆以爲諸葛之下者猶勝它處工者乎生書字每得諸葛筆則穿轉可意見几研間有棗核筆必嗟請以爲令人但好奇異而無入用之實然東坡不喜雙鈎懸腕故書家亦不服此論

附考

朱泙漫學屠龍於支離益殫千金之家三年技成而無所用其巧豨豬也南楚謂之豨結得蔺雅

、書吳說筆

筆若適士大夫意則工書人不能用若便於工書者則雖士大夫亦罕售矣屠龍不如履豨豈獨筆哉君謨所謂藝益工而人益困非虛語也吳政已亡其子說頗得家法

良可歎息

大字四語書法盡此臨池者須置座右

、書硯

硯之發墨者必費筆不費筆則退墨二德難兼非獨硯也大字難結密小字常局促真書患不放草書苦無法茶苦患不美酒美患不辣萬事無不然可一大笑也

說得暢

書呂道人硯

澤州呂道人澄泥硯，多作投壺樣，其首有呂字，非刻非書，堅緻可以試金。道人已死，硯漸難得。元豐五年三月七日，偶至沙湖黃氏家，見一枚，黃氏初不知貴，乃取而有之。

澄泥硯唐人品硯以為第一

人棄我取

瀞然

須與拈破

書鳳咮硯

僕好用鳳咮石硯。然論者多異同。蓋自少得眞者。爲黯黮灘石所亂耳。

銘云蘿子一見名鳳咮坐令龍尾羞牛後

書贈孫叔靜

今日於叔靜家飲官法酒烹團茶燒衙香用諸葛筆皆北歸喜事。

喜從北歸生非從茶酒香筆来

附考
王晉卿示詩欲易海石坡公謂能以韓幹馬易之則許晉卿難之可見以石易画以画易石隨興所到大有韻致

○書畫壁易石

靈壁出石。然多一面。劉氏園中砌臺下。有一株獨巉然。反復可觀。作麋鹿宛頸狀。東坡居士欲得之。乃畫臨華閣壁。作醜石風竹。主人喜。乃以遺予。居士載歸陽羨。元豐八年。四月六日。

澹然忘言

攷
公云世人論墨多取其黑不取其光使其光如小兒目睛乃爲佳也觀此則寶墨者又當論黑白之外

、書墨

余蓄墨數百挺。暇日輒出品試之。終無黑者。其間不過一、二可人意。以此知世間佳物。自是難得。茶欲其白。墨欲其黑。方求黑時嫌漆白。方求白時嫌雪黑。自是人不會事也。

茶墨黑白坡公每每言之而此最勝

附考

滕達道蘇浩然呂行甫暇日晴暖研墨水數合弄筆之餘乃啜飲之

書呂行甫墨顛

呂希彥行甫。相門子。行義有過人者。不幸短命死矣。平生藏墨。士大夫戲之爲墨顛。功甫亦與之善。出其所遺墨。作此數字。

黯然消魂欲不待言

坡嘗謂李公擇詩云非人磨墨墨磨人與此俱可淒然

考唐李超易水人與子廷珪亡至歙州其地多松因留居以墨名家廷寬承宴文用惟慶惟一仲一皆超之後

書廷珪墨

昨日有人出墨數寸，僕望見之，知其爲廷珪也。凡物莫不然（誠然）。不知者如烏之雌雄，其知之者如烏鵲也。

廷珪造墨形色異衆然歲久亂真者多非坡公安能望而知之

書墨事凡三十餘題此㝡韻也

記海南作墨

己卯臘月二十三日。墨灶火發。幾焚屋。救滅。遂罷作墨。得佳墨大小五百丸。入漆者幾百丸。足以了一世。仍以遺所不知者何人也。餘松明一車。仍以照夜。二十八日二鼓作此紙。

無要緊尚風味

遺所不知作墨何益世之營營作牛馬者觀此恍然

只如此自好
知不知不

記與安節飲

元豐辛酉冬至。僕在黄州。姪安節不遠千里來省。飲酒樂甚。使作黄鐘梁州。仍令小童快舞一回。醉後書此。以識一時之事。

不言所以但執之甚堅

跋君謨書

僕論書以君謨爲當世第一。多以爲不然。然僕終守此說也。

君謨學書如泝急流用盡氣力不離故處故歟文忠以爲獨步當世

跋草書後

僕醉後輒作草書十數行。便覺酒氣拂拂。從十指出去也。

張顛醉後以髮醮墨興致頗同

神奇語

凄其欲絕

、傷春詞

去歲十二月虞部郎呂君文甫喪其妻安氏二月以書遺余曰安氏甚美而有賢行念之不忘思有以爲不朽之託者願求一言以弔之余悲其意乃爲作傷春詞云

佳人與歲俱逝兮歲既復而不返付新春於居者兮獨安適而愈遠晝昏昏其如醉兮夜耿耿而不瞑居兀兀不自覺兮紛過前之物變雪霜盡而鳥

語〻春景語
語傷春

嗚兮陂塘泫其流暖步荒園而訪遺跡兮蓊百草之生滿風泛泛而微度兮日遲遲而愈妍聊飛絮之無窮兮爛夭桃之欲然燕嘵嘵而稚嬌兮鳩穀穀其老怨蝶羣飛而相値兮蜂抱蕋而更讙善萬物之得時兮痛伊人之罹此寃衆族出而侶游兮獨向壁而永歎淚熒熒而棲睫兮花搖月而增眩晝出門而不敢歸兮畏空室之漫漫忽入門而欲語兮嗟猶意其今存役魂魄於宵夢兮追髣髴而

無緣訪臨卭之道士兮從稠桑之老人縱可得而復見兮恐荒忽而非眞求弔文以寫哀兮余亦愴恨而不能言夫旣其身之不顧兮尚安用於斯文

春光有時到催人不再逢傷春與悲秋可以並傳

錄趙貧子語

趙貧子謂人曰子神不全其人不服曰吾僚友萬乘螻蟻三軍糠粃富貴而晝夜生死何謂神不全乎貧子笑曰是血氣所扶名義所激非神之功也明日問其人曰子父母在乎曰亡久矣嘗夢見乎曰多矣夢中知其亡乎抑以爲存也曰皆有之貧子曰父母之存亡不待計議而知者也晝日問子則不思而對夜夢見之則以亡爲存死生之於夢

覺有間矣。物之眩子而難知者，甚於父母之存亡。子自以神全而不學，可憂也哉。予嘗與其語，故錄之。

並資玄解不徒志異

書李若之事

晉方技傳有韋虛者父母使守稻牛食之虛見而不驅牛去乃理其殘亂者父母怒之虛曰物各欲食牛方食奈何驅之父母愈怒曰即如此何用理亂者爲虛曰此稻又欲得生此言有理虛固有道者耶呂猗母足得痿痺病十餘年虛療之去母數步坐瞑目寂然有頃曰扶起夫人坐猗曰夫人得疾十年豈可倉卒令起耶虛曰且試扶起兩人夾

扶而立必須去夾者遂能行學道養氣者至足之餘能以氣與人都下道士李若之能之謂之布氣吾中子迨少羸多疾若之相對坐爲布氣迨聞腹中如初日所照溫溫也葢若之曾遇得道異人於華岳下云

東坡特愛元龍而記之原父耳意氣遒上不顧世者側目人

附考

陳登字元龍有雄姿異畧許汜嘗謂玄德曰元龍淮海之士豪氣不除

、記劉原父語

昔爲鳳翔幕過長安見劉原父留吾劇飲數日酒酣謂吾曰昔陳季弼告陳元龍曰聞遠近之論謂明府驕而自矜元龍曰夫閨門雍穆有德有行吾敬陳元方兄弟淵清玉潔有禮有法吾敬華子魚清脩疾惡有識有義吾敬趙元達博聞強記奇逸卓犖吾敬孔文舉雄姿傑出有王伯之畧吾敬劉玄德所敬如此何驕之有餘子瑣瑣亦安足錄哉

小言之意

附考
一本每與語下有孫人意三字

因仰天太息此亦原父之雅趣也吾後在黃州作詩云平生我亦輕餘子晚歲誰人念此翁蓋記原父語也原父旣沒久矣尚有貢父在每與語今復死矣何時復見此俊傑人乎悲夫

垂戒之語不妨痛切

作苦語令人惻然

記故人病

元豐六年十月十二日夜一鼓後故人有得風疾者急往視之已不能言矣死生陰陽之爭其苦有甚於刀鋸木索者余知其不可救嘿爲祈死而已嗚呼哀哉此復何罪乎酒色之娛而已古人云甘嗜毒藥戲猛獸之爪牙豈虛言哉明日見一少年以此戒之少年笑曰甚矣子言之陋也色固吾之所甚好而死生疾病非吾之所怖也余曰有行乞

於道傴而號曰遺我一盂飯吾今以千斛之粟報子則市人皆掩口笑之有千斛之粟而無一盂之飯不可以欺小兒怖生於愛子能不怖死生而猶好色其可以欺我哉今世之爲高者皆少年之徒也戒生定定生慧此不刋之語也如有不從戒定生者皆妄也如慧而寔癡也如覺而實夢也悲夫

有可記便是妄語有不可記亦是妄語痛與掃盡

記與舟師夜坐

紹聖二年正月初五日與成都舟闍黎夜坐飢甚家人煑雞腸菜羹甚美緣是與舟談不二法舟請記之其語則不可記非不可記蓋不暇記也

李卓吾評不可記便是不可思議無上正覺

不惟可作禪師乃亦可作宰相

記石塔長老荅問

石塔來别居士。居士云。經過草草。不見石塔。塔起立云。遮個是塼浮圖邪。居士云。有縫。荅云。無縫。何以容世間螻蟻。坡首肯之。元豐八年。八月二十七日。

外紀東坡鎮維揚時石嶠求解院坡傣佐袖中出䟽使鼎無名讀之有為東坡而少留之句時元祐七年三月十六日并記之

止乞頭則不賭矣不賭則不輸矣唐高宗獵遇雨問谷那律曰雨衣若何則不漏對曰以瓦為之則不漏

記道人戲語

紹聖二年五月九日都下有道人坐相國寺賣諸禁方緘題其一曰賣賭錢不輸方少年有博者以千金得之歸發視其方曰但止乞頭道人亦鬻術矣戲語得千金然亦未嘗欺少年也

、誦經帖

東坡食肉誦經。或云不淨。坡取水漱口。或云一盌水如何漱得。坡云慚愧闍黎會得。

附考
東坡在惠州時其家居江浙以地遠無人致書爲憂有道人卓契順者慨然曰惠州不在天上行即到矣因請書以行

卓契順禪話

蘇臺定惠院淨人卓契順。不遠數千里陟嶺渡海。候無恙於東坡。東坡問將甚麽土物來。順展兩手。坡云。可惜許數千里空手來。順作荷擔勢。信步而去。

心即是佛何必斷肉

僧文葷食名

僧謂酒爲般若湯，謂魚爲水梭花，雞爲鑽籬菜，竟無所益，但欺而已。世常笑之。人有爲不義而文之以美名者，與此何異哉。

精華迸溢熀熀熀煋如百千日淮南子淂意文字略可擬之

李龍眠善画而壽說者謂

大還丹訣

凡物皆有英華軼於形器之外爲人所喜者皆其華也形自若也而不見可喜其華忘也作而爲聲發而爲光流而爲味蓄而爲力浮而爲膏者皆其華也吾有了然常知者存乎其內而不物於物則此六華者苟與吾接必爲吾所取非取之也此了然常知者與是六華者蓋嘗合而生我矣我生之初其所安在此了然常知者苟存乎中則必與是

山煙雲供養
再與外理通

六華者皆處於此矣其凡與吾接者又安得不起其類而歸其根乎吾方養之以至靜守之以至虛則火自煉之水自伏之升降開闔彼自有數日月既至自變自成吾不豫知可也易曰精氣爲物遊魂爲變傳曰用物精多則魂魄強禮曰體魄則降志氣在上人不爲是道則了然常知者生爲志氣死爲魂神而升於天此六華者生爲體爲精死爲魄爲鬼而降於地其知是道者魂魄合形氣一其

至者至。騎箕尾而爲列星敬之信之。寄之行之守
之終之元。祐三年九。月二十八日書。

開心見誠用人便是大美 稚華

袁石公評今庸醫無處生活

求醫診脈

脈之難明。古今所病也。至虛有實候。而太實有羸狀。差之毫釐疑似之間。便有死生禍福。此古今所病也。病不可不謁醫。而醫之明脈者。天下蓋一二數。騏驥不時有。天下未嘗徒行。和扁不世出。病者終不徒死。亦因其長而護其短耳。士大夫多秘所患而求診。以驗醫之能否。使索病於冥漠之中。辨虛實冷熱於疑似之間。醫不幸而失。終不肯自謂失也則巧飾遂非以全其名至於不救則曰是固難治也間有謹愿者雖或因主人之言亦復參以所見兩存而雜治以故藥不效此世之通患而莫之悟也吾平生求醫蓋於平時默驗其工拙至於有疾而求療必先盡告以所患而後求診使醫者了然知患之所在也然後求之診虛實冷熱先定於中則脈之疑似不能惑也故雖中醫治吾疾常愈吾求疾愈而已豈以困醫爲事哉

荀卿所謂辨察之士

以意用藥

歐陽文忠公嘗言有患疾者。醫問其得疾之由。曰。乘船遇風驚而得之。醫取多年柂牙爲柂工手汗所漬處刮末。雜丹砂伏神之流。飲之而愈。今本草注別藥性論云。止汗用麻黃根節及故竹扇爲末服之。文忠因言醫以意用藥。多此比。初似兒戲。然或有驗。殆未易致詰也。予因謂公以筆墨燒灰飲學者。當治昏惰耶。推此而廣之。則飲伯夷之盟水。

自病自知自藥自療不必以意用也

可以療貪食比干之饞餘可以已佞砥樊噲之盾可以治怯臭西子之珥可以療惡疾矣公遂大笑元祐三年閏八月十七日舟行入潁州界坐念二十年前見文忠公於此偶記一時譚笑之語聊復識之

因此識彼善於譬喻而說來靡不入理可謂讀書得間

可謂信道不惑者矣

淂此切記

王元龍大風方

王斿元龍言錢子飛有治大風方，極驗，常以施人。一日夢人自云：天使已以此病人，君違天怒，若施不已，君當得此病，藥不能愈。子飛懼，遂不施。僕以爲天之所病，不可療耶，則藥不應服有効。藥有効者，則是天不能病。當是病之祟，畏是藥而假天以禁人耳。晉侯之病，爲二豎子，李子豫赤丸，亦先見於夢，蓋有或使之者。子飛不察，爲鬼所脅，若余則

不然苟病者得愈願代受其苦家有一方能下腹中穢惡在黃州試之病良已今後當常以施之

但看一片婆心便是宰官說法

名言

目忌點洗説

前日與歐陽叔弼晁無咎張文潛同在戒壇余病目昏數以熱水洗之潛云目忌點洗目有病當存之齒有病當勞之不可同也治目當如治民治齒當如治軍治民當如曹參之治齊治兵當如商鞅之治秦此頗有理退而記之

、荔支龍眼説

閩越人高荔子而下龍眼。吾爲評之。荔子如食蝤蛑大蟹。斫雪流膏。一啖可飽。龍眼如食彭越石蟹。嚼齧久之。了無所得。然酒闌口爽。饜飽之餘。則咂啄之味。石蟹有時勝蝤蛑也。戲書此紙。爲飲流一笑。

子瞻以口語得罪故託之夢言

恰是一場好夢

夢中作祭春牛文

元豐六年十二月二十七日天欲明夢數吏人持紙一幅其上題云請祭春牛文予取筆疾書其上云三陽既至庶草將興裝出土牛以戒農事衣被丹青之好本出泥塗成毀須臾之間誰爲喜慍吏微笑曰此兩句復當有怒者旁一吏云不妨此是喚醒他

不矜詰言恂然意表

、別王子直

紹典元年十月三日始至惠州寓於嘉祐寺松風亭杖屨所及雞犬相識明年遷於合江之行館得江樓豁徹之觀忘幽谷窈窕之趣未見其所休戚嶠南江北何以異也虔州鶴田處士王原子直不遠千里訪予於此留七十日而去東坡居士書

却可定國是

附考

時介甫當國力行青苗公判杭州常因法便民民頼以安若譏詆其非形於文章者多矣

、唐允從論青苗

儋耳進士黎子雲言城北十五里許有唐村唐氏之老曰允從者年七十餘問子雲言宰相何苦以青苗錢困我於官有益乎子雲荅曰官患民貧富不均富者逐什百益富貧者取倍稱至鬻田質口不能償故爲是法以均之允從笑曰貧富之不齊自古已然雖天工不能齊也子欲齊之乎民之有貧富猶器用之有厚薄也子欲磨其厚等其薄厚

者未動而薄者先穴矣元符三年二月子雲過余言此負薪能談王道政謂允從輩也

可見妖爲人興

石普

石普好殺人，以殺爲娱，未嘗知懸悔也。醉中縛一奴，使其指使投之汴河。指使哀而縱之。既醒而悔。指使畏其暴，不敢以寔告。居久之，普病，見奴爲祟，自以必死。指使呼奴示之，祟不復出，普亦愈。

居然端人

、勃遜之

勃遜之會議於潁。或言洛人善接花。歲出新枝。而菊品尤多。遜之曰。菊當以黃爲正。餘可鄙也。昔叔向聞鬷蔑一言。得其爲人。予於遜之亦云然。

並塵囊中造化固爾未足為異

張憨子

黃州故縣張憨子，行止如狂人，見人輒罵云：放火賊。稍知書，見紙輒書鄭谷雪詩。人使力作，終日不辭。時從人乞，予之不受。冬夏一布褐，三十年不易。然近之不覺有垢穢氣，其實如此。至於土人所言，則有甚異者，蓋不可知也。

魏文帝云文之佳惡吾自知之後來評長公文者能勝其自評否

自評文

吾文如萬斛泉源不擇地皆可出在平地滔滔汩汩雖一日千里無難及其與山石曲折隨物賦形而不可知也所可知者常行於所當行常止於不可不止如是而已矣其他雖工吾亦不能知也

得失寸心知

可資邊計

夷情如此

高麗

昨日見泗倅陳敦固道言胡孫作人狀折旋俯仰中度細觀之其相侮慢也甚矣人言弄胡孫不知爲胡孫所弄其言頗有理故爲記之又見淮東提舉黃實言見奉使高麗人言所致贈作有假金銀錠夷人皆拆壞使露胎素使者甚不樂夷云非敢慢也恐北虜有覘者以爲眞耳由此觀之高麗所得吾賜物北虜蓋分之矣而或者不察謂北虜不

知高麗朝我或以爲異時可使牽制北虜豈不誤哉今日又見三佛齊朝貢者過泗州官吏妓樂紛然郊外而椎髻獸面雕肝船中遂記胡孫弄人語良有理故并記之

善樣物

、池魚踊起

眉州人任達爲余言。少時見人家畜數百魚深池中。沿池磚甃。四周皆屋舍環遶。方丈間。凡三十餘年。日加長。一日天淸無雷。池中忽發大聲如風雨。魚皆踊起。羊角而上。不知所往。達云。舊說不以神守。則爲蛟龍所取。此殆是爾。余以爲蛟龍必因風雨。疑此魚圈局三十餘年。日有騰拔之念。精神不衰。久而自達。理自然爾。

李卓吾評人之好名又有甚於愛富貴者

劉聰吳中高士

劉聰聞當爲須遮國王，則不復懼死。人之愛富貴，有甚於生者。月犯少微，吳中高士，求死不得。人之好名，有甚於生者。

能道至德事法亦自燦然

記先夫人不殘鳥雀

少時所居書堂前，有竹柏雜花，叢生滿庭，衆鳥巢其上。武陽君惡殺生，兒童婢僕，皆不得捕取鳥雀。數年間，皆巢於低枝，其鷇可俯而窺之。又有桐花鳳四五日翔集其間，此鳥羽毛，至爲珍異難見，而能馴擾，殊不畏人。閭里間見之，以爲異事。此無他，不忮之誠，信於異類也。有野老言：鳥雀巢去人太遠，則其子有蛇鼠狐狸鴟鳶之憂。人既不殺，則自

近人者欲免此患也由是觀之異時鳥雀巢不敢近人者以人爲甚於蛇鼠之類也苛政猛於虎信哉

東坡不為人作誌狀故叙事少此可概見

外曾祖程公逸事

公諱仁霸，眉山人，以仁厚信於鄉里。蜀平，中朝士大夫憚遠宦，官闕，選土人有行義者攝。公攝錄參軍。眉山尉有得盜蘆菔根者，實竊，而所持刃誤中主人，尉幸賞，以劫聞。獄掾受賕，掠成之。太守將慮囚，囚坐廡下泣涕，衣盡濕。公適過之，知其寃，咋謂盜曰：汝寃，盍自言，吾爲汝直之。盜果稱寃，移獄。公既直其事，而尉掾爭不已，復移獄，竟殺盜，公坐逸囚罷歸不及月尉掾皆暴卒後三十餘年公晝日見盜拜庭下曰尉掾未伏待公而決前此地府欲召公暫對我扣頭爭之曰不可以我故驚公是以至今公壽盡我爲公荷擔而往暫對即生人天子孫壽祿朱紫滿門矣公具以語家人沐浴衣冠就寢而卒軾幼時聞此語已而外祖父壽九十舅氏始貴顯壽八十五曾孫皆仕有聲同時爲監司者三人玄孫宦學益盛而尉掾之子孫微矣或謂盜

意調稍畢

溽此方書典壞

德公之深不忍煩公暫對可也而獄久不决豈主者亦因以苦尉掾也歟紹聖二年三月九日軾在惠州讀陶潛所作外祖孟嘉傳云凱風寒泉之思實鍾厥心意悽然悲之乃記公之逸事以遺程氏庶幾淵明之心也

不言五者渾雅

小事本趣下南華改權事一只着此爲詠

南華長老重辯師逸事

契嵩禪師常瞋，人未嘗見其笑。海月慧辯師常喜，人未嘗見其怒。予在錢塘，親見二人皆趺坐而化。嵩既茶毗，火不能壞，益薪熾火，有終不壞者五。海月比葬，面如生，且微笑。乃知二人以瞋喜作佛事也。世人視身如金玉，不旋踵為糞土，至人反是。予以是知一切法以愛故壞，以捨故常在，豈不然哉。予遷嶺南，始識南華重辯長老，語終日，知其有道

改棺句是主意

也予自海南還則辯已寂久矣過南華吊其衆問塔墓所在衆曰我師昔作壽塔南華之東數里有不悦師者葬之別墓既七百餘日矣今長老明公獨奮不顧發而歸之壽塔改棺易衣舉體如生衣皆鮮芳衆乃大服東坡居士曰辯視身爲何物棄之尸陁林以飼烏鳥何有安以壽塔爲明公知辯者特欲以化服同異而已乃以茗果奠其塔而書其事以遺其上足南華塔主可興師元符三年十

二月十九日

禪家言體不化面如生者甚多恐亦有所附會且至於死則衆流歸盡是區區者曾何足言悛得東坡文差可死耳

無限波致亦後當心也

異人有無

自省事以來，聞世所謂道人有延年之術，如趙抱一、徐登、張無夢，皆近百歲，然竟死，與常人無異。及來黃州，聞浮光有朱元經尤異，公卿尊師之甚衆，然卒亦病死。死時中風搐搦，但實能黄白，有餘藥金皆入官。不知世果無異人耶？抑有人而不見，此等舉非耶？不知古所記異人虛實，無乃與此等，不大相過，而好事者緣飾之耶？

附評名家

唐順之荆川

茅坤鹿門

姜寶鳳阿

錢穀文登

樓昉迂齊

李贄卓吾

陶望齡石簣

呂　雅山

蔡　菜之

袁宏道石公

陳繼儒眉公

劉士璘越石

鄭之惠孔肩

ISBN 978-7-5010-6361-1
9 787501 063611 >
定價：150.00圓